수소 머니전략

수소 머니전략

향후 10년 반드시 찾아올
부의 기회를 잡고 승자가 되는 법

나승두 지음

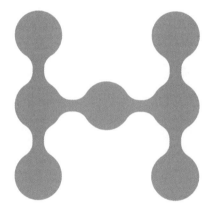

미래의창

프롤로그 – 미래 에너지의 주인공은 수소

금융투자업계에 몸담은 지 벌써 10년이 지났다. 10여 년의 시간이 지나는 동안 다양한 산업과 기업을 관찰하면서 발견한 사실은 어느 분야든 성장과 침체를 반복하는 주기Cycle가 존재한다는 것이다. 역사적으로 반복되는 흐름을 보여준 전통 산업은 이 '주기'를 미리 공부하고 시점을 예측하는 것이 상대적으로 용이하지만, 새로운 성장 산업은 이를 쉽게 파악하기 어렵다. 시간이 지나고 나서야 어떤 국면을 지나왔고, 어떤 주기가 형성되었는지 알게 되는 경우가 대부분이다.

투자에는 여러 가지 방법이 있다. 이런 주기를 활용하여 매수 · 매도를 결정하는 방법, 달리는 말에 올라타듯 폭발적인 상승세가 나타나는 분야에 동참하는 방법, 반대로 이보다 더 하락하기 어렵다는 생각이 들 정도로 바닥을 치고 있는 분야에 접근하는 방법 등 선호하는 투자 방법은 사람마다 다르다. 개인적으로 가장 선호하는 투자 방법은 투자를 결정한 뒤 굳이 하루하루 신경 쓰지 않아도 마음이 편안한 그런 분야를 골라서 투자하는 것이다. 우리가 흔히 접하는 가치투자와 비슷한 듯 보이지만, 의미가 조금 다르다. 일반적으로 가치투지가 현재 저정한 가치로 추정되는 수준보다 훨씬 낮은 가치로 평가되는 산업·기업에 투자하고 이들이 적정한 가치 수준으로 회귀할 때까지 기다리는 것을 의미한다면, 이 방법은 확실한 성장 산업·기업을 골라내어 투자한다는 점에서 차이가 있다. 물론 미래 성장성을 감안하여 현재의 가치를 측정하는 데 몰두할 수도 있다. 하지만 그보다도 나는 이 산업이나 기업이 지금은 투자자들의 관심을 많이 받지 못하고 있지만, 앞으로는 성장하게 될 수밖에 없는 이유와 당위성을 찾는 것을 즐기는 편이다.

가장 대표적인 사례가 바로 수소다. 수소에 진지하게 접근하기 시작했던 시기는 2017년이었다. 나는 주변 사람들에게 우리나라에서 수소경제는 정말 먼 미래의 이야기가 아닐 수도 있다고 주장하곤 했지만, 돌아온 건 마치 돈키호테를 바라보는 듯한 시선이었다. 재미있는 이야기지만 현실성이 너무 떨어진다는 반응이었다. 지금 생각해보면 결과적으로 그때의 주장은 너무 이른 이야기였음을 인정한다. 수소경제를 바라보는 논리나 자료의 구성이 옳고 그름을 떠나서 투자자들의 충분한 동의를 얻지 못했다는 사실 하나만으로도 틀린 것이라 생각하기 때문이다.

하지만 그로부터 오랜 시간이 지나지 않은 2019년, 정부가 '수소경제 활성화 로드맵'을 발표하며 국가 차원에서 수소경제를 활성화시키기 위한 정책들을 내놓기 시작했다. 2020년 세계 최초로 '수소경제 육성 및 수소 안전관리에 관한 법률(약칭 수소법)'을 제정하여 시행했고, 오늘날 세계에서 가장 많은 수소연료전지 발전설비를 보유한 국가가 되었으며, 가장 많은 수소연료전지차를 판매하고 운용하는 국가가 되었다.

그럼에도 주변 투자자들의 시각은 여전히 회의적인 것이 사실이다. 수소가 활용되는 모습을 두 눈으로 쉽게 찾아보기는 어렵기 때문이다. 백문이 불여일견 아닌가. 백 번을 듣는 것보다 한 번 눈으로 보고 확인하는 것이 낫다. 전기차와 수소연료전지차가 항상 논쟁의 대상이 되는 것도 같은 이유다. 테슬라와 같은 글로벌 기업이 탄생하고 주위에 돌아다니는 전기차는 점점 많아지는 반면, 수소연료전지차는 쉽게 찾아보기 어렵다.

하지만 수소는 더 이상 '전기차 vs 수소연료전지차' 같은 논쟁으로만 평가할 수 있는 것이 아님을 분명히 하고 싶다. 우리나라만 바보같이 수소에 관심을 두고 세금을 낭비하는 것 아니냐는 혹평도 있지만, 주요 선진국들을 중심으로 나타나는 최근 에너지 산업의 동향을 살펴보면 이런 말을 하기 어려울 것이다. 수소는 에너지 패러다임 변화에 반드시 필요한 에너지 저장 매개체로 떠오르고 있다. 둘 중 하나를 골라야 하는 대체재의 관점이 아닌, 부족한 부분을 상호 보완하는 보완재로 수소를 바라볼 필요가 있다.

에너지 패러다임이 변하고 있다. 지금까지는 오랫동안 산유국 중심의 에너지 패권이 형성되어 왔다면, 이제는 에너지 패권이 전 세계로 분산되고 있다. 지구의 온도는 더 방조할 수 없을 만큼 올랐고, 이대로 시간이 조금 더 지난다면 인간이 감당할 수 없는 기후위기가 도래할 가능성이 크다. 하지만 에너지 패러다임의 변화는 비단 기후위기만으로 다 설명되지는 않는다. 세계 각국의 신재생·친환경 에너지 정책은 자기 나라의 이익을 챙기기 위한 방법 중 하나다. 모두가 한목소리로 신재생에너지 개발을 외치는 데는 이러한 이유가 숨어 있다. 신재생에너지의 확산이 필연적인 현상인 것처럼, 수소경제의 저변 확대도 반드시 일어나게 될 현상이다.

이 책은 단순히 어떤 기업에 투자해야 한다는 의견을 제시하거나 의사결정을 도와주는 수단에만 그치지 않는다. 수소에 대한 오해부터 수소 산업이 성장할 수밖에 없는 이유까지, 배경 설명과 산업 전망을 집중적으로 다룬다.

앞으로 우리가 맞이하게 될 에너지 시대의 중심에는 수소가 있다. 우리가 놀이동산에서 롤러코스터를 즐겨 타는 이유는 위험해 보이는 파고波高가 있지만 안전하다는 믿음이 있고, 과정을 즐기다 보면 언젠가 목적지에 도달할 거라는 확신이 있기 때문 아닐까? 이 책이 그런 확신과 믿음을 줄 수 있는 안전장치 역할을 해낼 것이라 믿는다.

나승두

목차

1부

에너지 전쟁 시대, 수소가 답이다

팬데믹과 전쟁을 겪으며 에너지 안보를 확립하려는 세계적 흐름은 더욱 강력해졌다. 에너지 자원 전쟁 시대, 성공의 핵심은 무엇일까? 바로 수소다. 수소는 신재생에너지의 단점을 보완해줄 에너지 저장 매개체로 떠오르고 있다.

미국부터 유럽, 중국, 일본과 에너지 강국인 중동까지, 세계는 지금 수소 생태계 구축에 힘을 쏟고 있다. 에너지 자립을 향한 이들의 동향과 계획을 알아보고, 거기서 더 나아가 수소 선진국인 우리나라의 현주소와 산업 방향성을 짚어보자.

1장

수소를
알면
돈이 보인다

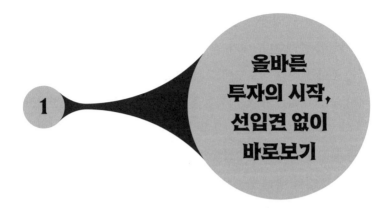

1

올바른 투자의 시작, 선입견 없이 바로보기

수소는 주위에서 쉽게 찾아볼 수 없다?

세계적으로 유명한 투자 구루Guru들은 우리가 일상생활에서 너무나 당연하다고 생각하고 지나쳤던 부분들이 성공적인 투자 아이디어가 될 수 있다며 자기 주위를 잘 살펴보라고 조언한다. 예를 들어 소비자들이 어떤 물건을 더 많이 구매하는지, 어떤 음식을 더 많이 먹는지, 어떤 서비스를 더 많이 이용하는지 등을 파악해보는 것이다. 이런 방법은 당장 내 주위에서 벌어지고 있는 일이니 직관적으로 이해하고 변화를 체감하기 쉬워, 해당 산업과 기업에 보다 더 확신을 갖고 투자할 수 있다는 장점이 있다.

반대로 내 눈으로 직접 확인하지 못한 산업과 기업의 투자

기회는 놓칠 수 있다는 단점도 있다. 세상에는 정말 다양한 산업과 기업이 존재한다. 내가 직접 눈으로 보고 변화를 체감할 수 있는 분야는 정말 극소수에 불과하다. 이런 점을 감안한다면 오히려 무수히 많은 투자 기회들을 놓치게 된다는 단점이 장점보다 더 크다고 할 수 있다. 그렇다고 실생활에서 크게 체감하지 못한 분야에 투자하자니 불안한 것도 사실이다. 어느 것이 옳고 틀리다고 정의 내릴 수는 없다. 투자란 수학 공식처럼 계산한다고 답이 나오는 것이 아니기 때문이다.

수소 산업에 대해 이야기할 때 가장 많이 받는 질문도 그와 같다. TV나 대중매체 속 광고에서는 수소가 우주에서 가장 많은 비중을 차지하고 있는 물질이며 친환경적인 대안이기 때문에 꼭 필요하다고 이야기하는데, 왜 정작 내 눈으로 수소를 활용하는 사례를 찾아보기는 어렵냐는 것이다. 주기율표 첫 번째에 자리 잡은 원소기호 1번 수소는 세상 만물을 이루는 가장 기본적인 물질이지만, 과학자를 비롯한 일부 사람들을 제외하면 이를 체감하며 살아가는 사람은 그리 많지 않다. 지금 눈으로 목격할 수 있는 것은 가끔 길에서 마주하는 파란색 번호판의 수소연료전지차 '넥쏘NEXO'와 언제, 어떻게, 어떤 방식으로 운영되는지 종잡을 수 없는 불 꺼진 수소충전소뿐이다. 파란색 번호판을 달고 있는 차량은 무공해차, 그중에서도 대표적으로 전기차라는 인식은 있어도 그 차가 수소차일 것이라고 생각하는 사람은 거의 없다(사실 굳이 구분해서 알아야 할 필요도 없다). 국회 앞 수소충전소는 어떤 때는 그 앞에 똑같이 생긴 차량들이 길게 줄지어 서 있는데, 어떤 때는 낮 시간에도 운영하지 않고 불이 꺼져 있다. 현실이 이러하니 수소 산업의 성장성에 의구심을 갖는 것은 어찌 보면 당연한 일이다.

하지만 당장 눈앞에 보이는 현실만으로 수소 산업의 모든 것을 설명할 수는 없다. 4차 산업혁명 시대를 살고 있는데도 큰 변화를 체감하지 못하다가 어느 순간 생활 밀착형 인공지능을 자연스럽게 활용하고 있는 것처럼, 수소도 어느 순간 자연스럽게 우리 일상에서 에너지원으로 사용될 것이다. 미국 · 유럽 · 중국 등 글로벌 질서를 주도하는 주요 국가들이 수소에 관심을 보이고, 산유국으로 대표되는 전통 에너지 강국들도 수소에 큰 관심을 갖는 이유는 분명 있다. 수소를 단순히 정쟁의 도구로, 철지난 수단으로, 가능성 없는 존재로만 폄하해서는 안 된다.

수소는 위험한 폭발물이다?

수소는 위험한 폭발물이라는 인식도 강하다. 가장 대표적으로 거론되는 것이 수소폭탄이다. 2차 세계대전 당시 일본 히로시마와 나가사키에 투하되었던 원자폭탄도 무시무시한 파괴력을 지니고 있는데, 수소폭탄은 이런 원자폭탄을 뛰어넘는 강력한 무기로 알려져 있다. 사람들의 공포심을 자극할 만한 사실이다. 미국과 소련의 치열한 무기 경쟁 속에서 먼저 원자폭탄 개발에 성공한 미국은 2차 세계대전에서 승리했다. 이어 1952년 미국은 세계 최초로 수소폭탄 실험에 성공했지만, 1961년 소련이 엄청난 파괴력의 수소폭탄 '차르 봄바Tsar Bomba' 개발에 성공하면서 인류 역사상 가장 강력한 무기를 보유한 국가에 등극했다. 원자폭탄과 수소폭탄은 작동 원리부터 다르다. 원자폭탄이 고농축 우라늄의 연쇄적인 핵분열 반응을 활용한 폭탄이라면, 수소폭탄은 중수소 및 삼중수소의 핵융합 반응을 활용한다. 게다가 핵융합이 발생하기 위해서는 우라늄이나 플루토늄의 핵분열에 의한 초고온이라는 조건이 먼저 충족되어야 하기 때문에 자연 상태에서 수소를 다룰 때 수소폭탄과 같은 참사가 일어날 가능성은 사실상 제로에 가깝다. 따라서 '수소=수소폭탄'이라는 인식은 잘못된 것이다.

대부분의 에너지는 안전관리 대상이다

물론 수소에 의한 사건 사고가 아예 없었던 것은 아니다. 가장 많이 언급되는 사건은 1937년 발생한 '힌덴부르크 비행선 폭발 사고'다. 〈힌덴버그The Hindenburg〉라는 이름의 영화로도 제작될 만큼 많은 사람들에게 충격을 안겨주었던 이 사고는 독일 프랑크푸르트에서 미국 뉴저지로 향하던 대형 비행선이 착륙 직전 화염에 휩싸여 추락해, 30명이 넘는 사망자가 발생한 참사였다. 사고 원인 분석 초기에는 수소가 직접적인 원인으로 거론되었다. 수소는 특정 농도에서 산소와 결합할 경우 폭발할 가능성이 있는데, 당시 가격도 비싸고 구하기 어려웠던 헬륨 대신에 수소를 비행선에 적용했던 게 문제였다는 주장이었다. 하지만 1990년대 이후, 힌덴부르크 비행선 외부에 도포되어 있던 도료에 정전기로 인한 스파크가 튀면서 화재가 발생했다는 분석 결과가 등장했고, 비로소 수소는 그 누명을 일부 벗을 수 있었다.

오늘날 수소 사회를 준비하고 있는 우리가 여기서 눈여겨봐야 할 부분은 수소 자체의 폭발 가능성이다. 2019년 5월, 강릉에서는 실제로 수소탱크가 폭발하는 사고가 발생했다. 이 폭발의 원인에 대한 해석은 여러 가지다. 사고 발생 당시 모습이 담긴 영상과 목격자들의 발언을 종합해보면, 아주 짧은 섬광이 반짝한 이후 강한 충격파가 주위로 번져 나갔다. 폭발 현장에서 약 150m 떨어진 건물의 유리창이 깨질 정도로 강한 충격파였다. 사고가 발생한 수소탱크는 대기압의 6~8배 정도 수준의 저압탱크였음에도 불구하고 강한 충격파가 발생했다는 점에서 단순 압력 폭발 사고가 아니라는 해석이 지배적이다.

앞서 힌덴부르크 사고에서도 살짝 언급했던 바와 같이 수소는 특정 농도에서 산소와 결합할 경우 폭발 가능성이 있다. 수소 농도가 4%에서 76% 사이일 때, 산소 및 점화원과 만날 경우 화학적으로 폭발하게 된다. 반대로 해석하자면 그 이외의 농도에서는 폭발 가능성이 매우 낮다는 것을 의미한다. 강릉 수소탱크의 경우 물을 전기로 분해하여 수소와 산소로 나누는 과정에서 산소가 수소탱크로 기준치 이상 과도하게 유입되었고, 여기에 정전기가 발생하면서 폭발한 것으로 조사되었다. 추후 수소탱크 설계 및 구축 과정에서 산소 제거 설비와 정전기 제거 설비를 제대로 설치하지 않았다는 깃이 밝혀졌고, 결국 인재로 인한 사고로 판명되었다.

이 정도면 수소는 매우 위험한 물질 아닌가 생각할 수도 있다. 그러나 조금 더 자세히 들여다보면, 수소는 다른 물질과도 유사하게 충분히 안전관리가 가능한 물질이라는 사실을 금방 깨닫게 될 것이다. 일반적으로 대기 속에 존재하는 수소의 양은 전체 대기의 0.00005%밖에 되지 않는 0.5ppm 정도다. 대기의 75%는 질소로 구성되어 있고 사람이 숨 쉬는 데 필요한 산소가 23% 수준인 것을 감안한다면, 우리가 생활 속에서 접하는 수소의 양은 매우 적다고 할 수 있다. 따라서 앞서 언급한 폭발 가능성이 있는 농도 하한선인 4%를 충족시키는 것은 생각보다 어려운 일이다. 수소를 직접적으로 다루는 산업 현장에서는 일반적으로 수소의 농도를 99.9% 수준으로 유지한다. 수소의 농도가 76%까지 떨어지면 점화원이 더해질 경우 수소와 산소가 만나 큰 사고가 발생할 수 있기 때문에 수소 농도가 떨어지지 않도록 지속적으로 모니터링 하고 있다.

정리하자면 수소는 큰 폭발성을 지닐 수 있는 물질이지만, 폭발하기 위해서는 '일정 수준의 농도'에서 '산소와 결합'하고,

'점화원'이 더해져야 한다. 이 세 조건을 모두 충족해야 한다는 점을 고려하면, 오늘날 우리가 일반적으로 많이 사용하는 LPG 가스를 비롯한 여타 물질들과 비교했을 때 무엇이 더 위험한지 아닌지 단언하기 어렵다. 수소가 무조건 상대적으로 더 안전하다고 주장하는 것은 아니다. 충분히 안전관리가 가능하기 때문에 수소의 활용 가치에 조금 더 초점을 맞춰보고자 한다.

수소는 생산하기 어렵고 비싼 에너지원이다?

수소에 대한 또 다른 선입견 중 하나는 생산하기 어렵고 비싸다는 것이다. 수소는 우주의 75%를 차지하고 있을 만큼 무궁무진한 에너지원이며, 수소와 산소의 결합체인 물은 지구 표면의 75%를 덮고 있다. 그러나 어떤 이들은 여기서 수소만을 추출하는 과정에는 많은 어려움과 비용이 따른다고 주장한다. 이것이 완전히 잘못된 이야기라고 할 수는 없다. 실제로 수소를 활용하기 위해서는 분명 거쳐야 하는 과정과 수반되는 비용이 있기 때문이다. 수소를 생산하고 활용하는 데 있어서 효율성 개선은 늘 지니고 있는 숙제와 같지만, 현재 시점에서 생산과 활용에 높은 기술적 장벽이 있다고 보기는 어렵다. 결국 경제성이 있는지, 즉 비용이 가장 큰 관건이라 할 수 있다.

현재 수소를 얻는 방법은 크게 세 가지로 구분할 수 있다. 첫 번째는 부가적으로 생산되는 수소, 즉 부생수소를 모아 사용하는 것이다. 석유화학 공정이나 철강 생산 공정 등을 살펴보면 공정 과정 내에서 필연적으로 수소가 발생한다. 가장 대표적인 분야가 '프로판 가스의 탈수소화 공정 Propane De-Hydrogenation'이다. 정말 다양한 제품의 원재료로 사용되는 폴리프로필렌 PP, Polypropylene 을 만드는 필수 원료인 프로필렌 Prophylene 은 프로판 가스에 포함되어 있는 수소 일부를 제거하여 만든다. 이때 발생한 수소를 별도로 포집하여 활용할 경우 이를 부생수소라 일컫는다.

두 번째는 주성분이 메탄으로 구성된 천연가스를 수증기와 결합시켜 수소를 추출해내는 추출수소(혹은 개질수소) 방식이다. 메탄과 수증기(물)를 결합시키면 수소와 이산화탄소 또는 일산화탄소로 분리된다. 이때 발생하는 탄소들을 그냥 대기 중에 배출하는 형태를 그레이수소라 부르고, 탄소를 배출시키지 않고 별도로 포집하여 저장하는 형태를 블루수소라 부른다.

세 번째는 물을 전기분해하여 수소와 산소로 분리하는 방식이다. 이때 전기분해 과정에 투입되는 전기를 탄소 배출이 없는 신재생에너지를 활용하여 생산한 경우 이를 그린수소라 부른다.

부생수소는 수소 생산 과정에서 별도의 공해물질이 발생하지 않는다는 점에서 청정수소 Clean Hydrogen 라 부를 수 있다. 하지만 별도 산업 내 공정에서 부가적으로 발생하는 수소를 활용하는 형태이기 때문에, 수소의 생산량을 마음대로 조절하지 못한다는 단점이 있다. 수소를 더 얻거나 덜 얻기 위한 목적만으로 석유화학 및 철강 공정을 더 가동하거나 덜 가동할 수는 없기 때문이다.

추출수소(개질수소)는 오늘날 우리가 많이 사용하고 있는 천연가스를 활용한다는 점에서 상대적으로 편리하게 수소를 얻을 수 있다는 장점이 있다. 하지만 수소 생산 과정에서 부가적으로 탄소가 배출되기 때문에 공해 논란을 안고 있다. 이를 극복하기 위해 배출되는 탄소를 별도로 포집하기도 하지만, 탄소를 포집하는 것도, 포집한 탄소를 저장하는 것도 녹록치 않은 것이 사실이다. 또 추출수소의 원재료인 천연가스의 가격 변동에 따라 수소 가격이 크게 변동될 수 있다는 점도 아쉬운 부분이다. 실제로 2021년 천연가스 가격이 꾸준하게 우상향했던 유럽은 2022년 러시아-우크라이나 전쟁의 발발과 함께 천연가스 가격 폭등을 겪었다. 이때 유럽 내 추출수소 생산 가격은 그린수소의 생산 가격을 웃돌기도 했다.

그린수소야말로 진정한 청정 에너지

신재생에너지를 활용하여 물을 전기분해하는 형태로 얻을 수 있는 그린수소는 앞서 언급한 수소 생산 방식 중 가장 많은 비용이 필요한 것으로 알려져 있다. 지구상에 물은 충분하더라도, 태양광·풍력 등을 활용한 신재생에너지 전기 생산 단가가 아직 비싸기 때문이다. 친환경 에너지원인 수소를 얻기 위해 화석연료를 활용하여 생산한 전기를 사용한다는 것은 모순이다. 신재생에너지를 사용했을 때 비로소 청정수소의 개념을 완성할 수 있다. 고무적인 부분은 그린수소를 장려하기 위한 정책적 행동에 나선 국가들이 점점 증가하고 있다는 점이다. 미국·유럽·일본·중국 등 주요 국가들은 상대적으로 비싼 그린수소를 빠르게 정착시키기 위해 저마다의 청정수소 인증 제도를 마련하여 보조금을 지급하고 있다. 전기차 사례를 생각해보면 전기차 생산업체들이 생산 단가를 낮추기 위한 노력을 꾸준히 하기도 했지만, 소비자들이 전기차에 쉽게 접근할 수 있도록 보조금을 지급한 정부와 지자체의 노력이 없었다면 현재의 전기차 시장이 형성되지 못했을 것이다. 그린수소도 보조금이라는 정책적 수단을 통해 대표적인 친환경 에너지원으로 빠르게 자리매김할 수 있을 것으로 생각된다.

수소에 대한 선입견을 가장 먼저 짚어본 이유는 무조건 수소만이 정답이라고 주장하고 싶지 않기 때문이다. 그저 투자자들이 갖는 선입견이라 치부하면서 수소에 대한 부정적인 시각을 맹목적으로 외면하기보다는, 왜 그런 견해들이 등장했는지 살펴보고 사실 관계를 정확하게 인지하는 것이 수소를 이해하는 첫걸음이다. 우리나라는 전 세계에서 가장 많은 수소연료전지 발전설비를 보유 중이고, 가장 많은 수의 수소연료전지차가 판매된 국가다. 하지만 에너지 패러다임의 변화, 지정학적 갈등 고조,

에너지 안보 확립의 필요성 등이 대두되면서 주변 국가들의 맹추격이 이어지고 있다. 수소 선도국가의 지위를 언제든지 빼앗길 수 있는 위태로운 시점이다. 그렇다면 왜 세계는 수소에 더욱 진심이 되어가는지, 실제로 주요 국가들은 수소 산업을 육성하기 위해 어떤 계획들을 갖고 있는지, 우리나라의 수소 산업 방향성은 어떻게 될지, 그리고 그 안에서 찾아볼 수 있는 투자 기회들은 어떤 것들이 있는지 차근차근 살펴보고자 한다.

- **색상으로 구분하는 수소의 종류**

색상	원료	공정	결과물
화이트White	-	자연발생	수소(H_2)
블랙 / 브라운 Black / Brown	석탄	증기 개질 및 가스화	수소(H_2) + 이산화탄소(CO_2)(방출)
그레이Grey	천연가스	증기 개질	
블루Blue	천연가스	증기 개질	수소(H_2) + 이산화탄소(CO_2)(포획저장)
청록Turquoise	천연가스	열 분해	수소(H_2) + 탄소(C)(고체)
레드Red	원자력 열	열 화학 촉매분할	수소(H_2) + 산소(O_2)
퍼플Purple	원자력 열 + 전기	열 화학 + 전기분해	
핑크Pink	원자력 전기 + 열	전기분해	
옐로Yellow	전력망 전기	전기분해	
그린Green	신재생에너지	전기분해	

자료: H2 Bulletin

2

에너지 패권 경쟁과 에너지 자립

국제 질서의 변곡점

통신 및 교통 기술이 발달하면서 지구 반대편의 소식을 시차 없이 접할 수 있게 되고, 국가 간의 이동 시간이 단축됨에 따라 지구촌이라는 개념이 등장했다. 지구 전체가 마치 하나의 마을과 같이 연결된다는 뜻이다. 일반적으로 경제학에서도 이와 비슷한 관점으로 국가도 개인 및 기업과 크게 다르지 않아서 경쟁 우위를 갖고 있는 분야는 더 집중하고, 부족한 부분은 주변 국가들과 무역 등을 통해 보완함으로써 최고의 효용을 달성할 수 있다고 설명한다. 하지만 이제는 이런 개념들이 점차 퇴색되거나 사라질지도 모르겠다. 지구촌이라는 단어가 점점 옛말이 되어가는 오늘날의 국제 질서 때문이다.

　언제는 국가 간 지리적, 역사적, 문화적 갈등이 없었냐고 반문할 수도 있다. 물론 갈등은 항상 존재했다. 하지만 과거에는 국가 간 갈등과 대립이 발생하더라도 각자의 이해관계에 따라 이를 봉합하거나 수습하려는 노력을 기울였다면, 현재는 자국 중심의 해결책을 만들고자 노력한다는 데 차이가 있다. 즉, 과거에는 경제적 이익을 위해 필요하다면 갈등을 피하려는 노력을 조금이라도 했다면, 지금은 당장 경제적 이익이 발생하지 않을지라도 자국 보호주의를 앞세운 선택을 한다. 가장 대표적인 것이 미국의 인플레이션 감축법IRA과 유럽의 탄소국경조정제도CBAM 등이다.

자국 우선주의의 등장

자국 우선주의를 바탕으로 국제 질서가 재편되기 시작한 데는 여러 이유가 있겠지만, 크게 두 가지를 꼽고 싶다. 첫째는 'MAGA'의 등장이다. 투자자들에게는 미국의 마이크로소프트Microsoft, 애플Apple, 구글Google, 아마존Amazon의 앞 글자를 딴 MAGA가 더 익숙할 테지만, 여기서 말하는 MAGA는 트럼프 전 대통령이 2016년 미국 대통령 선거를 앞두고 공화당 대선 후보로 등장하면서 내세운 대표적인 슬로건 'Make America Great Again(미국을 다시 위대하게 만들자)'의 약자다. 사실 트럼프 전 대통령이 공화당의 공식 후보가 되고 미국의 제45대 대통령이 될 때까지만 하더라도, 이전 정권에 대한 반감이 반대급부의 팬심을 불러일으켰다고 해석하는 경우가 대부분이었다. 그런데 우리는 트럼프 대통령이 재선에 실패하고 바이든 대통령이 선출되는 과정에서 일련의 사건들(트럼프 지지자들의 미국 국회의사당 습격 사건 등)이 발생하면서 이러한 지지 현상이 본격적인 트럼피즘 Trumpism으로 진화했음을 발견했다. 도대체 트럼프 전 대통령이 주장한 MAGA는 어떤 의미를 담고 있는 것일까?

대부분의 정치적 사건이 이전 정권에 대한 강한 불만에서 시작되는 것처럼, 트럼프 전 대통령의 선거구호 또한 이전 정권에 불만을 갖고 있던 미국 국민들을 결합시키는 데 큰 역할을 했다. 과거 9.11 테러를 경험하며 테러와의 전쟁을 선포했던 조지 W. 부시 전 대통령은 과도한 대테러 전쟁을 치르느라 큰 규모의 지출을 했으며, 이는 국가 부채 증가로 이어졌다. 게다가 재임 시절 서브프라임 사태 등 글로벌 금융위기가 터지면서 미국의 재정 건전성은 빠르게 악화되었다.

그 뒤를 이은 버락 오바마 전 대통령은 중동 지역에서의 전쟁을 마무리하고, 차별 없는 국가를 만들겠다는 목표 아래 'Change, Yes, We can(변화, 우리는 할 수 있다)'이라는 슬로건을 제시한 바 있다. 임기 말년까지도 레임덕Lame Duck(임기 말 발생하는 권력 누수 현상)이 아닌 마이티덕Mighty Duck(임기 말에도 강한 권력을 유지하는 현상)이라는 평가를 받았던 오바마 전 대통령이지만, 오히려 그의 정책들은 경제 양극화를 더욱 심화시켰다는 비판을 받았다. 이는 반대 세력이 결집되는 계기가 되었다.

그렇게 등장한 트럼프 전 대통령은 처음부터 강력한 미국의 재건을 주장하며 공화당의 전통 지지 세력을 결집시키는 데 성공했다. 그리고 과거 공화당이 집권하던 시절 보여주었던 일방적 외교 정책을 넘어서는 자국 우선주의, 보호무역주의의 시대를 열었다. 트럼프 전 대통령을 매우 극단적이라 기억하는 사람들이 많다. 실제로 그는 재임 시절 WTO 탈퇴, 파리협정 탈퇴 등의 발언을 서슴치 않았고 실제로 실행하기도 했다. 분명 기존 국제 질서를 뒤흔드는 말임에도 불구하고 입 밖으로 꺼내는 데 망설임이 없었다. 지구촌이라는 개념은 이미 빠르게 퇴색되고 있었던 것이 아닌가 싶다.

둘째는 코로나19의 등장이다. 인류 역사상 코로나19보다 더 치명적이고 엄청난 피해를 안겨준 전염병들은 더러 있었다. 하지만 코로나19의 파급력과 영향력이 더더욱 크게 와닿는 이유는 국가와 지역 간 이동이 자유롭고, 기술이 고도로 발달한 4차 산업혁명 시대에 모든 활동을 제한해야 할 정도의 전염병을 처음 겪었기 때문이라고 생각한다. 눈에서 멀어지면 마음도 멀어진다고 했던가. 국경의 문이 굳게 닫히고, 도시와 도시 간의 이동이 제한되고, 심지어 우리 집 문밖에 나가는 것도 힘들었던 2~3년의 시간이 지나면서 교류와 협력, 어울림이라는 단어보다는 자립과 독립, 개인이라는 단어가 더 익숙해진 듯하다. 앞서 언급한

MAGA의 등장과 함께 자국 우선주의가 보편화되기 시작하면서 무역분쟁과 같은 국가 간 갈등 양상은 이미 나타나고 있었지만, 코로나19는 국가간 물리적·심리적 거리를 더욱 멀어지게 만들었다. 내 나라, 우리 국민의 붕괴된 삶을 회복하기 위한 것이라는데 누가 손가락질할 수 있을까. 코로나19는 자국의 이익을 최우선으로 생각하는 것이 전혀 이상하지 않은 시대 흐름을 만들어낸 큰 변곡점이 되었다.

자주 국방력과 에너지 안보 확립

자국 우선주의를 실현하기 위해서는 여러 전제 조건이 필요하다. 그중 가장 중요한 두 가지 조건만 꼽아보자면, 첫째는 강력한 자주 국방력이다. 미국과 같은 초강대국은 쉽게 자국 우선주의를 선언할 수 있다. 세계에서 가장 강한 경제력과 군사력을 보유한 미국이다. 즉, 자국 우선주의를 주장하고 실천하더라도 주변 국가 및 세력들로 인해 무력 진압될 가능성이 없다는 뜻이다. 미국은 이미 세계에서 가장 강한 군사력을 보유하고 있지만, 2015년을 기점으로 또 국방예산을 증액하고 있다. 그만큼 자국 우선주의를 실현하기 위해서는 강한 자주 국방력이 필요하다는 사실을 엿볼 수 있다. 과거 미국은 2차 세계대전 종전 이후 1950년대 초 한국전쟁 당시, 1970년대 베트남 전쟁 당시, 1980년대 소련 해체 전 냉전 갈등 당시, 2000년대 후반 중동 테러 세력과의

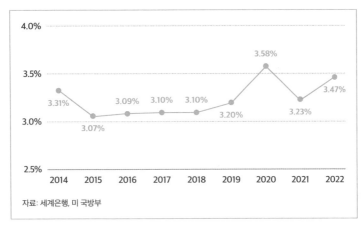

미국 GDP 대비 국방예산 비중

미국은 이미 세계 최고의 군사력을 보유하고 있음에도 자주 국방력 확립을 위해 국방예산을 증액해왔다.

전쟁 당시 국방예산을 한 차례씩 크게 끌어올렸던 적이 있다. 바꿔 말하면 오늘날 자국 우선주의의 실현을 마치 일종의 전쟁이라고 여기고 있는 것은 아닐까?

둘째는 에너지 안보의 확립이다. 1~2차 석유파동 시기에 치솟는 원유 가격으로 경제 위기를 맞이한 국가들이 더러 등장했다. 당장 오늘날 인플레이션과 싸우고 있는 미국만 봐도 에너지 가격 안정을 위해 바이든 대통령이 직접 중동 지역을 방문할 정도로 에너지 안보에 힘쓰고 있음을 알 수 있다. 그러나 과거와 달리 중동 국가들은 콧방귀 뀌며 돌아서는 모습을 보여주었다. 그뿐만 아니라 2022년 2월에는 러시아-우크라이나 전쟁이 공식적으로 발발하면서 국가가 에너지 자립을 실현하는 것이 얼마나 중요한지를 가까이서 목도하고 있다. 풍부한 에너지 자원을 보유한 러시아에 인접한 유럽 국가들은 이전까지는 너무나도 당연하게 파이프라인을 통해서 천연가스를 공급받아 사용해왔다. 그런데 '너무나도 당연히 생각했던' 부분들이 당연하지 않게 된 순간, 큰 위기가 찾아왔다. 예상보다 길어진 전쟁으로 인해 계절이 바뀌고 다시 겨울을 맞이한 유럽은 에너지원이 부족해진 영향으로 몹시 추운 겨울을 보낼 뻔 했으나, 다행히 기온이 크게 떨어지지 않아 그나마 무탈하게 겨울을 날 수 있었다. 하지만 1년이 넘는 시간 동안 전쟁을 겪고 있는 당사국과 주변국은 늘 추운 겨울을 보내는 듯한 심정이 아닐까?

에너지 안보 확립은 선택이 아닌 필수

지구촌의 의미는 퇴색되어 가지만, 갈등과 대립이라는 새로운 키워드가 자리매김하면서 다른 의미의 자국 우선주의를 강요당하는 사례가 증가하고 있다. 새로운 갈등 구도를 야기하면서 자국 우선주의를 주도하는 미국과 중국, G2 국가들이 점점 자국 우선주의를 넘어 '우리 편 우선주의'를 내세우고 있기 때문이다. 당연히 주변 국가들의 근심은 깊어질 수밖에 없다. 가장 대표적인 사례가 우리나라다.

1950년 한국전쟁 이후 우리나라는 미국을 중심으로 한 자유민주주의 진영의 한 축을 담당해왔지만, 지리적으로 가까울 뿐만 아니라 오랜 역사 속에서 많은 영향을 받아왔던 중국을 외면할 수는 없다. 중국이 우리나라 경제 발전에 큰 영향을 미치고 있는 것도 사실이다. 우리나라 입장에서는 어느 것은 맞고, 어느 것은 틀리다는 흑백 논리로 G2 국가를 상대할 수 없음에도 어느 한 쪽을 택해야 하는 선택의 순간이 너무 자주 등장하고 있다.

우리나라도 매 순간 우리에게 가장 이득이 되는 선택을 하면 되지 않느냐고 이야기할 수 있겠지만, 그 선택으로 역효과가 크게 나타날 수 있다는 점에서 어떤 것을 택하더라도, 결과적으로 그것이 섣부른 결정이었다는 후회를 하게 될 가능성이 크다. 균형 감각 있는 외교 정책이 필요한 이유다. 또한 이것은 우리나라가 지리적 · 인구학적 · 사회문화적 영향으로 완전한 자립은 힘들다고 하더라도 국방 · 에너지 등의 핵심 산업에서 내실을 키워야 하는 이유이기도 하다.

이러한 선택의 문제는 우리나라에서만 나타나는 것은 아니다. 친러시아 대 친미국 세력 간의 대리전 양상으로 번져가고 있는 러시아-우크라이나 전쟁도 대표적인 사례다. 여러 주변국들과 국경을 맞대고 있는 유럽 국가들의 경우 선택과 행보 하나하나가 조심스럽다. 미국 중심의 NATO 가입 국가들은 우크라이나 지원에 적극적인 반면, 러시아 경제의 영향을 크게 받는 국가들의 경우 자연스럽게 러시아를 지원할 수밖에 없다. 1~2차 세계대전을 치르며 대표적인 중립국으로 자리 잡은 국가들이나 NATO 회원국이 아닌 제3의 국가들은 최대한 전쟁에 개입하지 않기 위해 노력하지만, 반대로 너무 관망만 한다고 비판을 받기도 한다. 애써 외면하고 싶더라도 가까운 이웃 나라의 참상을 계속 집하다 보면 이는 자연스럽게 국방력 강화를 위한 움직임으로 이어진다.

표면적으로 드러난 G2의 갈등 속 동남아시아 주변 국가들도 마음은 편치 않다. 미국과 중국의 항공모함이 나란히 운항하는 등 일촉즉발의 긴장감이 감도는 남중국해와 필리핀해의 주

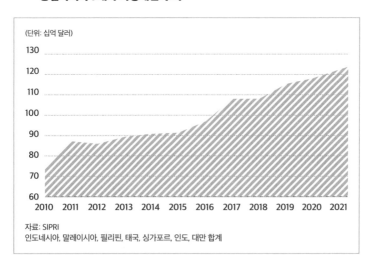

· **동남아시아 7개국 국방예산 추이**

(단위: 십억 달러)

자료: SIPRI
인도네시아, 말레이시아, 필리핀, 태국, 싱가포르, 인도, 대만 합계

G2 갈등의 영향으로 동남아시아 국가들의 긴장감이 날로 높아진 결과, 국방예산이 매년 증가하고 있다.

변 국가들은 매년 두 자릿수 이상 국방예산을 증액하고 있다. 최근에는 중국과 대만 간 갈등까지 고조되면서 동남아시아 국가의 긴장감은 더욱 높아지는 중이다. 거대한 두 고래들의 싸움에 새우 등 터지지 않기 위해 가장 우선적으로 준비해야 하는 것은 결국 자주 국방력 강화, 에너지 안보의 확립, 식량 안보의 확립이 될 수밖에 없다.

국가 존폐 위기로 번질 수 있는 에너지 안보

에너지란 한 국가가 기본적인 생활을 영위하고, 경제를 발전시키고, 국가를 유지하는 데 반드시 필요한 요소다. 따라서 에너지는 전략적 자산이며, 때로는 무기가 되기도 한다. 그 이유는 나라마다 지정학적 위치와 환경, 기술력 등에 따라 에너지를 확보하는 데 차이가 있기 때문이다.

오늘날 우리가 살고 있는 화석연료의 시대에는 당연히 원유를 직접 생산하는 국가가 에너지 패권을 쥐게 된다. 그렇기 때문에 원유 생산국을 중심으로 여러 이해관계가 맞물리면서 지정학적, 정치외교적 갈등이 표출되어 왔다. 그 가운데서 에너지 안보를 확립하기 위해서는 원유 생산국과의 외교 관계 강화, 또 다른 산유국으로의 수입선 다변화, 에너지 소비 효율화 등이 필요했다. 특히 우리나라와 같은 에너지 빈곤국(우리나라는 세계 8위권의 에너지 소비국이지만, 에너지 및 자원 소비량의 92.8%를 수입에 의존하기 때문에 에너지 빈곤국으로 분류된다)은 치열한 눈치싸움을 할 수밖에 없었다.

자국 우선주의로 경쟁이 치열해지고, 러시아-우크라이나 전쟁과 같이 지정학적 길등이 표출되는 등 앞으로도 '갈등'과 '대립'이 계속된다면 에너지 안보 확립의 중요성은 갈수록 커지게 된다. 하지만 이보다도 더 중요한 것은 더 이상 좌시할 수 없는 환경 변화가 발생하고 있다는 점이다. 그동안 경험하지 못했던 재앙과 같은 기후변화가 나타나면서 기존 에너지 패권국, 원유 매장량이 풍부한 산유국들도 탄소 배출이 과도한 화석연료 사용의 종말을 준비하기 시작했다. 즉, 전통 에너지 강국이라 손꼽히던 중동 산유국이나, 천연가스 매장량을 바탕으로 에너지도 무기화 할 수 있다는 점을 보여주고 있는 러시아나, 원유나 천연가스를 평생 안정적으로 공급받아 사용할 수 있다고 믿었던 유럽 · 중국 · 우리나라 등 주요 에너지 수입국이나, 발전된 기술력으로 셰일오일 · 가스 시대를 열었던 초강대국 미국이나 모두 화석연료 시대 그 이후를 준비해야 하는 동일한 상황에 처해 있다는 것이다.

다른 에너지 부유국에 의존하지 않고, 탄소 배출을 줄여 지구 환경에 기여하고, 인간의 기본적인 생활을 유지하면서, 경제 성장을 꾸준히 이어갈 수 있을 만큼의 에너지를 확보해야 하는 시대가 왔다. 이를 실현하기 위해 세계 각국이 주목하고 가장 공을 들이는 분야는 바로 태양광·풍력을 비롯한 신재생에너지 분야다.

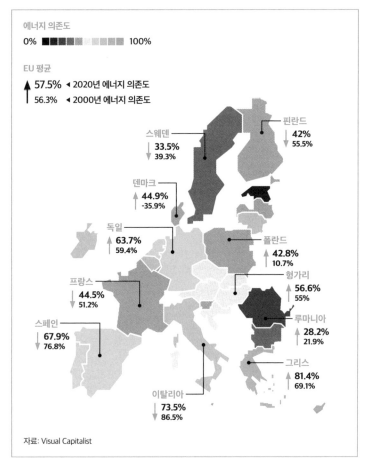

유럽의 에너지 의존도 변화

에너지 의존도

0% ■■■■■■■■ 100%

EU 평균

↑ **57.5%** ◀ 2020년 에너지 의존도
  56.3% ◀ 2000년 에너지 의존도

핀란드
42%
↓ 55.5%

스웨덴
33.5%
↓ 39.3%

덴마크
↑ **44.9%**
  -35.9%

독일
↑ **63.7%**
  59.4%

폴란드
↑ **42.8%**
  10.7%

프랑스
44.5%
↓ 51.2%

헝가리
56.6%
↓ 55%

스페인
67.9%
↓ 76.8%

루마니아
↑ **28.2%**
  21.9%

그리스
81.4%
↓ 69.1%

이탈리아
73.5%
↓ 86.5%

자료: Visual Capitalist

에너지 의존도란 에너지 수요를 충족시키기 위해 수입에 의존하는 정도를 말한다.

EU의 평균 에너지 의존도는 2000년 56.3%에서 2020년 57.5%로 늘었다.

대부분의 유럽 국가들은 에너지 수요의 반 이상을 원유와 천연가스 등의 수입에

의존해왔다. 그러나 최근 지정학적 갈등과 위기 속에서 에너지 안보 확립의

필요성을 체감하고 있다.

만, 그래도 지구 온도 상승은 자연적인 기후변화 사이클의 일환이라고 해석하는 경향이 컸다. 하지만 이후 발표된 2~4차 보고서에서는 지구 온도 상승을 야기한 주체가 인간이라는 점을 지적하기 시작했고, 2014년 발표된 5차 보고서에서는 인간에 의해 인위적으로 발생한 온실가스가 원인임을 명확히 밝혔다. 즉, 현재의 기후변화는 자연적인 변화라기보다는 인간의 활동으로 만들어졌다는 것이다.

2015년 약 200여 개 국가가 참여하여 채택한 뒤 2020년 발효된 파리협정Paris Agreement은 산업화 이전 대비 지구 온도 상승폭을 2℃ 이하로 유지하고, 더 나아가 상승폭을 1.5℃ 이하로 제한하기 위해 단계적으로 온실가스 배출량을 감축하자는 내용을 담고 있다. 하지만 2023년 3월 최종 승인된 IPCC 6차 보고서에 따르면 2011~2022년 지구 표면온도는 1850~1900년과 비교하여 1.09℃ 상승한 상태이며, 특히 1970년 이후 50여 년간 나타난 지구 표면온도 상승 속도는 과거 어느 50년보다 빨랐다. 1970년 이후 온실가스 배출량이 상대적으로 더 많아졌고, 대기 중 이산화탄소 농도도 어느 때보다 높게 나타났기 때문이다.

IPCC 보고서에는 원래 방대한 양의 과학 연구 결과와 시사점이 담겨 있지만, 그중에서도 이번 6차 보고서는 우리가 절대 잊지 말아야 할 두 가지 시사점을 준다. 첫째, 우리는 기후변화 Climate Change의 시대가 아니라 기후위기Climate Crisis의 시대를 살고 있다는 점이다. IPCC 보고서를 비롯하여 여타 연구 자료상의

3 얼마 남지 않은 티핑 포인트

지금 내 삶에 영향을 끼치는 기후변화

2023년 3월 마지막 주의 일이다. 팬데믹을 선언한 지 약 3년 만에 사람들이 답답했던 마스크를 벗어 던지고 다가오는 봄을 만끽했다. 여의도에서는 오랜만에 벚꽃 축제 개최를 앞두고 있었다. '여의도봄꽃축제'는 4월 4일부터 9일까지 일주일간 진행될 예정이었지만, 교통 통제는 4월 1일부터 시작되었다. 3월 중순부터 이어진 이상 고온 현상으로 행사 기간 전에 이미 벚꽃이 만개하면서 이를 즐기려는 방문객이 몰려들었기 때문이다. 본격적인 행사 기간이 시작됨과 동시에 봄을 시샘하는 듯한 봄비까지 내리면서 꽃잎은 예상보다 일찍 떨어져 버렸다.

올해 3월이 유독 더웠기 때문이라고 생각할 수 있다. 하지만 지난 10여 년간 우리나라의 벚꽃 개화 시기를 살펴보면 꽤나 충격적이다. 기상청은 매년 봄이 오고 있음을 알려주는 봄꽃(개나리, 진달래, 매화, 벚꽃 등)의 개화 시기를 발표한다. 최근 10년간 서울의 벚꽃 개화 날짜 추이를 살펴보면, 2012년과 2013년의 관측일은 4월 15일이었으나, 2021년 관측일은 3월 24일, 2023년 관측일은 3월 25일이었다. 10년 만에 봄꽃 개화일이 보름 이상 앞당겨진 것이다.

굳이 봄꽃 개화 날짜 등을 거론하지 않아도 아마 많은 사람들이 기후변화를 체감하고 있을 것이다. 예년보다 여름 무더위가 더 길고 강하게 느껴지고, 장마철 비가 예상보다 더 많이 내리거나, 겨울에는 혹한이라 부를 만한 강추위가 찾아오고, 열대지방에서나 자라던 과일이 이제 우리나라에서도 재배된다는 소식 등을 접할 때 말이다. 하지만 기후변화는 비단 우리나라에서만 나타나는 현상은 아니다. 북아프리카 및 중동 지역의 사막에서는 눈이 내리고, 기온이 영하로 떨어지면서 사막 위에 눈이 쌓이는 현상이, 미국 · 유럽 등에서는 기록적인 한파와 폭설, 반대로 폭염이 오락가락 나타나고 있다. 봄꽃이 만개한 이후 눈이 내려 봄꽃과 눈꽃이 함께 공존하는 모습도 보인다.

환경 파괴와 기후변화 문제는 결코 다음 세대의 이야기가 아니다. 지구를 지키고 환경을 보호하자는 거창해 보이는 이야기를 하지 않더라도, 기후 문제는 당장 오늘을 살아가는 우리의

삶에 충분히 불편함과 고통을 주는 문제가 되었[다.] ...은 섬나라 사람들의 이야기를 접한 적이 있다. 그[곳에서] ...는 사람들은 높아진 해수면 때문에 하루 두 번 만[조 때] 무릎 높이까지 잠기는 경험을 하고 있다. 처음 섬이 [잠기기 시작] 했을 때는 충격이었겠지만, 이제는 그 섬에 거주하[는 사람] 들이 당연한 듯 시간에 맞춰 건물 위로 올라가 생[활한다.] 사실 우리도 그들과 상황이 다르지 않다. 그저 우리[는 끓어] 가는 솥에 들어가 있는 개구리라는 현실을 아직 [모르] 고 있을 뿐이다.

기후변화에서 기후위기로, 점점 커[지는]

기후변화와 관련된 지구적 위험을 측정 · 평가하고 [대응 정] 책 마련을 위해 설립된 '기후변화에 관한 정부 간 [협의체, Intergovernmental Panel on Climate Change'에서는 현재까[지 여섯 차례] 의 종합 평가 보고서를 발간하면서 기후변화의 심[각성과] 전망, 앞으로의 대응 방향에 대해 경종을 울리고 있[다. 처] 음 발표된 IPCC 1차 보고서에서는 산업혁명 이후 [화석연료 사] 용이 증가하면서 지구의 기온이 상승하고 있고, 20[○○년 산] 업화 이전 대비 지구 온도가 2℃ 상승할 것이라는 전[망을 했] 다. 이때까지는 인간의 화석연료 사용이 증가한 것[이]

기록적인 산불, 홍수, 폭설, 허리케인 등 기후변화로 인한 자연재해가
우리 눈앞에 다가왔다.

표현들도 변화하고 있다. 우리는 단순히 기후가 변화하고 있다
고 인식하기보다 이미 기후위기가 내 눈앞에서 실현되고 있다는
것을 인식하고 경각심을 가져야 한다. 지구 온도가 1.5℃ 상승하

면 10년에 한 번 발생할 법한 자연재해는 평균적으로 4.1배 더 발생하게 되고, 50년에 한 번 발생할 법한 자연재해는 8.6배 더 발생하게 된다. 만약 지구 온도가 2℃ 상승한다면 그 빈도수는 각각 5.6배, 13.9배로 증가한다. 우리는 지금 변화가 아닌 위기를 맞이했음을 명심해야 한다.

하지만 안타깝게도 최근 몇 년간의 날씨 변화를 살펴보면, 이미 위기는 빠르게 진행되고 있음을 알 수 있다. 2021년 초 북아프리카 및 일부 중동 지역에 눈이 내린 후 녹지 않거나 사막 위에 눈이 쌓이는 기현상이 나타난 바 있다. 특히 사우디아라비아 남서부 아시르 지역의 기온이 영하로 떨어진 것은 약 50여 년 만이다. 미국이나 중국 등에서도 2021년 초 최악의 한파와 폭설을 겪었다. 이는 북반구의 차가운 공기를 묶어두는 역할을 하는 제트기류가 약해지며 차가운 공기가 남하했기 때문에 발생한 현상이다.

반대로 여름은 더 더워지는 중이다. 2023년 7월에는 지구 평균 온도가 관측 사상 처음으로 17℃를 초과했다. 기록적인 더위로 산불 등의 재난도 많이 발생했다. 캐나다에서는 고온의 공기가 고압 대기층에 갇혀 열기가 가둬지는 열돔 현상으로 산맥 일대가 건조해지면서 대형 산불이 일어났다. 대한민국 전체 면적보다 더 넓은 지역이 산불로 타버릴 만큼 어마어마한 피해를 남겼다. 유럽도 그리스, 스페인, 이탈리아 등지에서 산불이 발생해 큰 피해를 입었다. 하와이에서는 100여 년 만에 역사상 최악의 산불이 발생해 많은 이들이 목숨을 잃었다. 여러 원인이 있을 수 있지만, 이상 기온과 건조해진 날씨 때문에 산불의 피해 규모가 훨씬 커진 것은 확실하다. 기후변화로 엘니뇨와 라니뇨 현상이 더 심해지면 그동안 보지 못했던 이상 기후와 자연재해는 계속 증가할 수밖에 없다.

둘째, 기후위기 확산을 방지하기 위해서는 정말 뼈를 깎는 노력이 필요하다는 점을 잊지 말자. 매년 온실가스 배출량은 점진적으로 증가해왔으나, 최근 5년 사이 온실가스 배출량이 급격하게 감소한 해가 있었다. 바로 코로나19 팬데믹이 선언되었던 2020년이다. 코로나19가 전 세계로 빠르게 확산하면서 국가 간 왕래는 모두 끊겼고, 공장은 문을 닫았으며, 심지어 집 밖에 마음대로 나가는 것조차 어려웠던 그 시기를 모두 기억하고 있을 것이다. 수많은 사람이 코로나19 바이러스에 감염되어 고통받았고, 심지어는 목숨을 잃기도 했다. 기업의 실적은 줄어들었고, 국가 경제성장률도 낮아졌다. 하지만 역설적이게도 우리는 이 시기에 그 어느 때보다 맑은 하늘을 볼 수 있었다. 한 연구 결과에 따르면, 2020년 코로나19 팬데믹 당시 한 해 동안 배출된 온실가스 양은 전년 대비 약 11% 감소했다고 한다. 우리가 목표로 삼았듯이 지구 온도 상승을 1.5℃로 제한하기 위해서는 매년 약 8% 내외의 온실가스를 감축해야 한다. 즉, 매년 코로나19 비상 사태에 준하는 노력을 하지 않으면 온실가스 감축 목표를 달성하기 어렵다는 뜻이다.

2010년 이후 글로벌 이산화탄소 배출량 추이

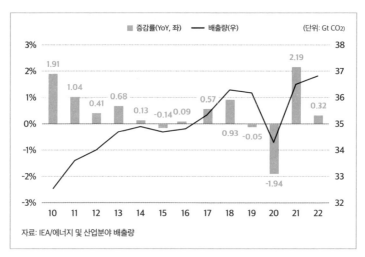

자료: IEA/에너지 및 산업분야 배출량

2020년 팬데믹으로 산업시설이 멈춰 잠시 온실가스 배출량이 감소했으나,
2021년 이후 다시 증가세를 보이고 있다.

피할 수 없는 거대한 흐름, 신재생에너지

코로나19 팬데믹 시기에 준하는 노력이 필요하다니, 솔직히 생
각만 해도 숨이 턱 막힌다. 하지만 이 말은 지구의 건강을 되찾기
위해서 소득 활동도 제대로 하지 말고, 여행도 가지 말고, 쉽게
물건도 사지 말고, 심지어 섣불리 집 밖으로 나가지도 말라는 이
야기가 아니다. 온실가스 감축을 위해 우리가 당장 실천할 수 있
는 효율적인 방법을 찾아 하나씩 실천하자는 것이다. 전 세계에

서 온실가스를 가장 많이 배출하는 분야는 에너지와 운송 분야다. 2020년을 기준으로 보면, 산업용 에너지 부문에서 24.2%의 온실가스를 배출했으며, 건물용 에너지 부문에서는 17.5%를, 운송 부문에서는 16.2%의 온실가스를 배출했다. 그 외 14개 부문에서 42.1%의 온실가스 배출 비중을 차지했음을 감안한다면 에너지와 운송 부문이 차지하는 온실가스 배출량은 가히 압도적이라고 할 수 있다. 바꿔 말하면 에너지와 운송 부문에서 배출되는 온실가스를 줄이는 것이 전체 온실가스 배출량을 감축할 수 있는 지름길이자 지구 온도 상승을 억제하는 가장 효율적인 방법이라는 뜻이다.

산업 및 건물, 그리고 운송용으로 가장 많이 활용되는 에너지원은 단연 석유·석탄·천연가스와 같은 화석연료 기반의 에너지원이다. 산업 및 건물에서는 화석연료를 기반으로 만든 전기를 주로 사용한다. 우리가 사용하는 운송 수단은 대부분 화석연료를 직접 소모하는 내연기관이다. 산업 및 건물용 전기를 만드는 화력 발전소는 화석연료를 연소시켜 얻은 열로 수증기를 만들고, 수증기가 터빈을 돌릴 때 전기를 얻는 원리로 운영된다. 운송 수단에 탑재되어 있는 내연기관의 작동 원리도 연료를 태울 때 발생하는 폭발력을 활용해 피스톤 엔진을 구동하는 것이다. 결국 모든 과정의 첫걸음은 화석연료를 태우는 것이라 할 수 있다. 화석연료의 주성분은 탄소다. 화석연료를 태운다는 것은 결국 탄소와 산소를 결합한다는 말이고, 탄소와 산소가 결합하면 오늘날 지구온난화의 주범으로 손꼽히는 이산화탄소가 만들어지게 된다. 정리하자면 화석연료를 태울 때 열과 운동에너지를 얻을 수 있지만, 연소 과정에서 이산화탄소라는 부산물이 발생해 대기 중 탄소 농도가 짙어져 지구온난화가 발생하게 되는 것이다.

전기 없는 삶을 상상할 수 없다면, 이산화탄소 배출 없이 전기를 만들어내는 방법을 찾으면 된다. 그 노력의 일환으로 오늘날 경제성을 갖는 데까지 성공한 분야가 바로 태양광·풍력과 같은 신재생에너지다. 실제로 IPCC에서는 태양광·풍력에너지가 가장 많은 양의 탄소를 저감할 수 있는 잠재력을 갖고 있다고 평가한다. 특히 태양에너지는 화석연료처럼 고갈될 위험 없

• 글로벌 신재생에너지 비중 추이 및 전망

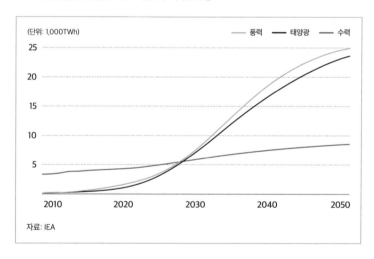

태양광과 풍력에너지는 가장 많은 양의 탄소를 저감할 수 있으며 오늘날 어느 정도 경제성까지 획득했다.

이 반영구적으로 얻을 수 있으며, 발전 과정에서 탄소 배출이 없고, 지구 전 지역에서 얻을 수 있는 가장 근본적인 에너지원이라는 점에서 높은 평가를 받고 있다. 풍력에너지도 조건은 비슷하다. 대기 중 대류 현상이 멈추지 않는 이상 꾸준히 얻을 수 있고, 발전 과정에서 별도의 탄소 배출이 없기 때문이다.

태양광과 풍력은 IPCC가 인정한 탄소 저감 잠재력이 가장 큰 에너지원이므로, 지구 온도 상승을 억제하기 위해서는 이 두 분야의 더욱 비중을 늘려야 한다. 효율을 높이려면 최적의 입지를 고민해야 한다는 어려움이 있지만, 지구 어느 지역에서든 얻을 수 있는 에너지원이라는 점에서 신재생에너지는 에너지 자립 및 에너지 안보 확립이 필요한 국가에서는 더욱 적극적으로 뛰어들 수밖에 없는 분야다.

4 수소,
신재생에너지
시대의 무기

신재생에너지의 장단점

영국의 기후 에너지 싱크탱크인 엠버Ember의 발표 자료에 따르면 2022년 태양광 및 풍력 발전 비중이 전 세계 생산 전력의 12%를 차지한 것으로 나타났다. 2021년 처음 비중 10%를 넘어섰다는 점을 감안한다면 1년 만에 약 2%p 상승한 것이다. 아직까지는 여전히 화석연료의 비중이 압도적으로 높지만, 태양광 및 풍력 발전 비중 증가세는 더욱 가팔라지고 있다. 이에 2030년을 기점으로 태양광 및 풍력 발전의 비중이 화석연료 발전 비중을 넘어설 것이라는 전망이 늘어나고 있다.

우리나라의 상황은 조금 다르다. 한국전력이 발표하는 전력통계월보 자료에 따르면 2022년 신재생에너지 발전 비중은 8% 수준이었다. 2023년 초 발표된 제10차 전력수급기본계획에서는 우리나라도 2030년 신재생에너지 발전 비중이 21.6%까지 늘어날 것이라고 했지만, 이는 이전 정부에서 제안한 '국가 온실가스 감축목표NDC' 수치인 30.2%에 비하면 8.6%p 줄어든 수치다. 사실 신재생에너지의 경우 막연하게 비중만 높인다고 해서 탄소 배출 저감 효과 같은 장점을 극대화할 수 있는 것은 아니다. 신재생에너지의 장점과 단점이 명확하기 때문에 아마 우리나라 정부도 전력수급기본계획을 세우는 데 있어 현실적인 고민을 했을 것이라 예상한다.

신재생에너지의 필요성은 앞서 충분히 설명했다. 지구의 온도는 산업화 이후 꾸준히 상승 중이고, 이로 인해 발생하는 더 큰 환경 문제를 막기 위해서는 지구 온도가 1.5℃ 이상 상승하지 않도록 온실가스 및 탄소 배출을 억제하는 것이 중요하다. 온실가스 및 탄소 배출 비중이 가장 높은 분야가 에너지 분야이므로, 전기 생산 과정에서 탄소 배출을 줄이려면 화석연료 사용 비중을 줄이고 신재생에너지 사용 비중을 늘리는 것이 바람직하다. 그리고 신재생에너지의 필요성은 비단 환경 문제에만 국한되지 않는다. 자국 우선주의의 등장으로 지정학적 갈등과 대립이 표출됨에 따라 자주 국방력 강화, 에너지 안보 확립은 선택이 아닌 필수가 되었다. 에너지 안보 확립의 핵심은 중동 지역을 비롯한 일부 산유국에 의존도를 낮추고, 자립할 수 있는 친환경 에너지원을 확보하는 데 있다. 그러므로 태양광·풍력과 같은 신재생에너지의 활용 가치는 더욱 높아질 수밖에 없다.

하지만 태양광·풍력은 내가 원할 때 발전량을 조절하기 어렵다는 치명적인 단점을 갖고 있다. 태양광 모듈이나 풍력 터빈 가동을 멈추는 방식으로 발전량을 줄이는 것은 가능할지 모르지만, 내가 원할 때 더 많은 양의 전기를 생산해낼 수는 없다. 자연으로부터 얻은 에너지원을 활용하는 것이기 때문에 사람의 마음대로 조절하기가 어렵다.

전기는 저장이 어려워 전력 수요를 예측하고 충분한 공급 능력을 확보해야 안정적으로 전력을 공급할 수 있다. 다음 그래프는 연간 전력 수급의 추이를 정리한 것으로, 회색 막대인 설비

연간 전력 수급 추이

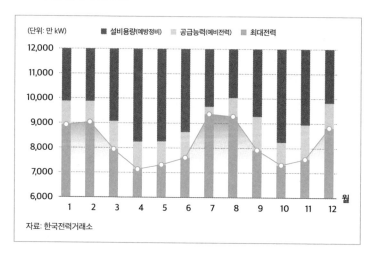

자료: 한국전력거래소

용량은 현재 설치되어 있는 전력 생산설비로부터 만들 수 있는 전력량을, 하늘색 막대인 공급능력은 최대 전력 수요 발생 시 안정적으로 공급할 수 있는 최대 출력을 나타낸다. 파란 막대인 최대전력은 특정 기간 동안 발생한 전력 수요 중 최대치를 의미한다. 이처럼 전력을 안정적으로 공급하기 위해서는 최대 수요에 대처할 수 있도록 예비전력을 남겨두는 등 관리와 대처가 필요하다. 따라서 신재생에너지만을 독립적으로 활용하기란 불가능에 가깝다고 해도 과언이 아니다.

사람이 의도적으로 개입하여 발전량을 조절할 수 있는 여타 발전원(원자력을 비롯한 대부분의 화석연료 발전원)들은 우리가 생활하는 데 꼭 필요한 전기를 생산하는 기저발전원의 역할을 한다. 여기에 신재생에너지를 조금씩 더하면서 과도한 탄소 배출을 야기하는 화석연료 발전원의 비중은 조금씩 낮추는 과정이 필요하다. 이 과정은 우리나라뿐만 아니라 모든 국가에 공통적으로 적용된다. 국가별 주력 에너지원 환경에 따라 조금씩 차이는 있을 수 있지만, 신재생에너지 비중 확대 속도가 모든 나라에서 거의 비슷하게 나타나는 이유가 바로 이 때문이다.

신재생에너지 발전을 일부러 멈추는 이유

전 세계의 신재생에너지 발전 비중이 이제 막 10%를 넘어가고 있는 시점에서 벌써부터 신재생에너지와 관련된 현실적인 문제가 대두되고 있다. 제주도에 여행을 가면 바닷가에 나란히 세워진 풍력 발전기를 볼 수 있다. 그런데 '삼다도'라는 별명처럼 정말 바람이 세게 부는데도 풍력 발전기가 돌아가지 않고 가만히 서 있는 모습이 심심치 않게 보인다. 바람의 세기가 약해서라고 하기에는 바닷가에 서 있기도 힘들 정도로 바람이 세게 분다. 일부러 풍력 발전기를 돌리지 않은 것이다. 제주도는 풍부한 풍력 자원을 활용하여 에너지 자립과 탄소 배출 중립을 달성하겠다는 목표를 세웠다. 그래도 기본적으로는 제주도민이 사용할 만큼의 전기를 공급하는 기저발전원이 있고, 기저발전원을 통해 생산한 전기에 풍력과 같은 신재생에너지의 전기 발전량을 추가로 공급한다. 그런데 바람이 너무 세게 불어 제주도 내 전기 수요보다 더 많은 양의 전기가 생산될 경우에는 일부러 풍력 발전기 가동을 멈추는 것이다.

전기를 다룰 때는 항상 수요과 공급의 균형을 유지하는 것이 중요하다. 오늘날 우리나라뿐만 아니라 세계 대부분의 전력계통은 전기 수요처에서 사용하는 부하전력만큼 발전소에서 바로바로 전기를 생산하여 송전하는 형태로 구축되어 있다. 갑자기 발전량이나 전기 수요(부하)가 증가할 것을 대비해 일정 범위의 예비력을 확보하고 있지만, 이를 넘어서는 경우에는 문제가 발생한다. 무더운 여름날 에어컨 사용량이 급증하여 예비력이 떨어지는 경우 발생하는 대규모 단전 사태 등이 가장 대표적

● 신재생에너지가 전력계통에 미치는 영향

인버터 기반 재생에너지의 확대

태양광 　 풍력 　 연료전지

출력 변동성
증가

기존 발전기 대체로
동기발전기 감소

수급 유지 곤란
수요변동+공급변동

계통 강건성 저하

전력계통 안정도 저하

주파수 불안정
전압 불안정

자료: 에너지경제연구원, 한국전력

인 예다. 전력계통 문제는 전기 수요가 급작스레 증가하는 경우에도 발생하지만, 발전량이 증가할 때도 똑같이 발생한다. 제주도에서 풍력 발전량이 갑자기 늘어나서 생기는 문제를 방지하기 위해 풍력 발전기의 회전을 일부러 멈추는 것도 이 때문이다.

기저발전원과 신재생에너지의 전력 균형 문제

태양광 발전에서도 비슷한 현상이 나타난다. 일조량의 영향을 받는 태양광 발전은 당연히 낮 시간에 발전량이 가장 많고, 해가 지고 난 이후 밤에는 발전을 할 수 없다. 따라서 하루 24시간 태양광 발전량의 흐름을 살펴보면, 시간대별 태양의 위치와 흐름에 따라 발전량이 달라지는 형태 즉, 낮 시간을 중심으로 정규분포곡선과 유사한 형태의 발전량 곡선이 나타나는 것을 확인할 수 있다.

문제는 태양광·풍력과 같은 신재생에너지를 제외한 기저발전원의 발전량이다. 기본적인 생활에 필요한 전기는 안정적으로 생산·공급해야 하므로 일정 수준의 기저발전은 반드시 필요하다. 그런데 투자금 회수를 위해서라도 이미 구축된 태양광·풍력 발전설비는 일정 수준 이상 가동하게 된다. 이 경우 한낮 태양광 발전량이 풍부할 때는 기저발전원의 가동을 제한하고, 밤이 되어 태양광 발전량이 없을 때는 기저발전원을 다시 가동시켜 전기를 생산한다. 정규분포곡선과 유사한 형태를 띠는 태양광 발전량과 달리 기저발전원 발전량은 낮 시간 동안 발전량이 꾸준히 감소했다가 밤이 될수록 발전량을 회복하는 아래로 오목한 형태의 발전량 추이를 띠게 된다. 이런 그래프의 모양이 마치 오리의 모습 같다고 해서 '덕커브Duck Curve'라는 이름으로 불리고 있다.

다음 그래프는 제주도의 실시간 전력 수급 현황을 나타낸 것이다. 위쪽에 있는 선 그래프는 해당 날짜에 신재생에너지를 제외한 기저발전원(화석연료 발전)의 발전량 추이를 나타낸 것이며, 아래쪽의 그래프는 태양광, 풍력, 기타 신재생에너지의 발전량 추이를 보여준다. 태양광과 풍력 발전량이 낮 시간에 늘어남

• **제주도 실시간 전력 수급 현황**

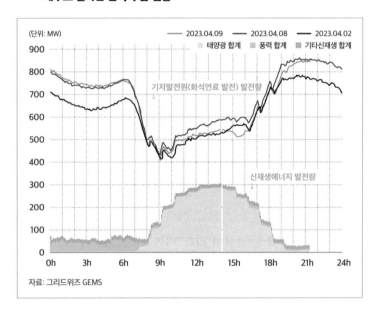

자료: 그리드위즈 GEMS

제주도의 풍력 발전기는 왜 돌아가지 않고 멈춰 있는 걸까? 신재생에너지의 발전 변동성 문제로 남아도는 전기를 저장할 방법이 마땅히 없기 때문이다.

에 따라 화석연료 발전량은 상대적으로 줄어든 모양을 확인할 수 있다.

그러나 원자력 또는 화석연료 기반의 기저발전원을 마치 방의 불을 껐다 켜듯 쉽게 껐다가 켰다가 반복할 수는 없다. 급히 가동을 중단한다고 하더라도 관성에 의해 모터가 돌아가 전기가 한동안 남아 있을 가능성이 크고, 반대로 완전히 멈춰버린 발전 모터를 다시 힘차게 돌리기 위해서는 너무 많은 에너지가 소비된다. 이러한 기저발전원의 가동 및 효율성 문제를 완전히 극복하기 전까지는 신재생에너지 발전량이 급격히 늘어나게 되면 억지로 신재생에너지 발전을 중단하는 고육지책을 꺼낼 수밖에 없다.

더 이상의 환경 파괴를 막기 위해서 그리고 각 국가들의 에너지 자립을 위해서 신재생에너지의 도입은 반드시 확대될 것이다. 그러나 신재생에너지가 갖고 있는 발전 변동성 문제를 충분히 해결하기 전까지는 안정적인 전기 공급을 위해서 기저발전원의 비중을 함부로 급격히 낮출 수 없다. 당분간 과도기가 이어질 수밖에 없는 상황에서, 신재생에너지가 갖고 있는 변동성을 해결할 수 있는 방법은 없을까? 답은 아주 간단하다. 전기가 많이 생산될 때 그 전기를 잘 저장해두면 되고, 전기를 많이 생산하지 못할 때 저장해둔 전기를 꺼내 사용하면 된다. 그래서 신재생에너지의 보급 확대와 항상 함께 거론되는 것이 바로 '에너지저장시스템ESS, Energy Storage System'이다.

ESS는 전기를 저장했다가 다시 사용할 수 있도록 충전과 방전이 용이한 2차전지를 한데 모아 놓은 저장 시스템을 말한다. 신재생에너지의 발전 변동성을 상쇄하고 전력계통 안정성을 유지하는 데 꼭 필요한 수단이다. 하지만 세계적으로 신재생에너지 도입 속도가 점점 빨라지는 상황에서 ESS가 충분히 이 속도를 쫓아갈 수 있을지에 대해서는 의문이다. 하나의 ESS를 만들기 위해 투입되는 2차전지의 양이 충분치 않을 가능성이 있기 때문이다.

앞서 에너지 분야 다음으로 가장 많은 온실가스를 배출하는 분야가 운송 분야라고 언급했다. 태양광·풍력 등 신재생에너지 발전 비중을 늘림으로써 에너지 분야에서 발생하는 온실가스 및 탄소 배출을 줄이고자 노력 중이라면, 운송 분야에서는 탄소 배출이 없는 무공해 차량ZEV, Zero Emission Vehicle을 도입하기 위한 노력이 이어지고 있다. 가장 대표적인 분야가 바로 전기차다. 이미 2025년부터 더 이상 내연기관차를 판매하지 않겠다고 선언한 국가도 있다. 유럽 대부분의 국가들도 2030년을 전후로 내연기관차를 더 이상 판매하지 않겠다는 결정을 속속 발표 중이고, 글로벌 완성차 업체들도 여기에 발맞춰 내연기관차 생산 중단 계획을 언급하고 있다.

전기차에 필요한 2차전지의 공급은 충분한가?

이런 발표들을 기반으로 예측해봤을 때, 2030년이면 세계에서 판매되는 차량 중 30%가 전기차일 것이라는 의견이 지배적이다. 코로나19 팬데믹 이전 1년간 세계에서 거의 총 9,400만 대의 차량이 판매되었음을 감안하면, 2030년 한 해 동안 세계에서 판매될 차량은 1억 대를 상회할 가능성이 크다. 이 중 30%가 전기차라면, 2030년 연간 전기차 판매량은 3천만 대 수준에 달한다. 전기차 모델별로 탑재되는 배터리(2차전지)의 양은 다양하지만, 평균적으로 70kWh의 배터리를 탑재한다고 가정했을 때, 1년간 3천만 대의 전기차를 판매하기 위해서는 총 2,100GWh의 배터리 수요가 발생한다는 사실을 알 수 있다. 하지만 전기차 생산에 필요한 배터리가 충분히 공급될 수 있을지는 의문이다.

현재 글로벌 2차전지 제조 업체들이 밝히는 생산량 확충 계획이 아무 문제없이 모두 진행된다 하더라도 공장 가동률과 수율을 감안한다면, 계획했던 것만큼 충분한 2차선시를 생산하시 못할 가능성이 크다. 그리고 2차전지 시장 내에서 중국산 2차전지가 차지하는 비중이 생각보다 큰데, 보호무역주의로 인해 중국산 2차전지를 미국·유럽 등 주요 전기차 판매 시장에서 사용하지 못할 가능성도 배제할 수 없다.

매우 단순한 예측이었지만 굳이 전기차 예상 판매대수와 2차전지 예상 수요를 계산해본 이유는, ESS에 원하는 만큼 충분히 2차전지가 공급될 수 있을지에 대한 걱정이 남기 때문이다. 전기차에 탑재되는 2차전지와 ESS를 만드는 데 사용하는 2차전지는 서로 다른 종류이지만, 결국 2차전지를 만드는 주체인 기업은 효율적인 선택을 할 것이므로 더 많은 이윤이 창출되는 전기차용 2차전지에 집중할 가능성이 크다(물론 전기차에 탑재되는 2차전지의 종류를 바꾸고자 하는 움직임도 있다). 폐배터리 재사용 가능성도 있으나, 전기차로부터 발생하는 폐배터리의 잔존 성능, 안전성, 소유권 등의 이슈가 발생할 수 있고, 이마저도 신재생에너지와 연계한 ESS 수요를 충족할 만큼 공급될 수 있을지는 미지수다.

Power to X의 대표 주자, 수소

신재생에너지의 변동성 문제를 보완하기 위해 ESS도 충분치 않다면 또 다른 대안이 필요하다. 그것이 바로 전기를 전기가 아닌 다른 형태로 변화시켜 저장하는 'Power to X(P2X)'다. 'Power(전기)'를 'X(또 다른 어떤 형태)'로 변환하여 저장·운송하는 방식으로, 'X'에는 다양한 형태가 대입될 수 있다. 여기서 X를 '형태'라고 언급한 이유는 전기를 특정 물질로 변환하여 저장하는 것만을 지칭하지는 않기 때문이다.

P2X의 가장 대표적인 물질이 수소다. 신재생에너지 발전을 통해 생산된 잉여 전기를 수전해 설비에 공급하면 수소를 얻을 수 있다. 수전해 설비란 물을 전기분해하여 수소와 산소를 얻는 장치다. 이렇게 신재생에너지와 수전해 설비를 통해 생산한 수소를 그린수소라 일컫는다.

잉여 전기를 수소로 변환하여 저장했을 때 얻을 수 있는 장점은 크게 세 가지를 꼽을 수 있다. 첫째, 에너지의 저장 및 보관이 용이하다. 신재생에너지 발전을 통해 초과 생산된 전기를 ESS 그리고 수소로 저장했을 때를 각각 비교한다면, ESS의 성능과 수소 저장 방식에 따라 다르겠지만 일반적으로 수소로 저장했을 때 단위면적당 훨씬 더 많은 양의 에너지를 보관할 수 있다. ESS도 자연 방전이 발생하고 수소도 자연 기화 손실이 발생하지만, 일반적인 손실율도 수소가 상대적으로 낮다.

둘째, 에너지 운송이 용이하다. 수소의 가장 큰 비교 우위라고 할 수 있다. 태양광 발전 환경이 좋은 사막 지역이나, 풍력 발전 환경이 좋은 먼 바다에서 친환경 전기를 충분히 생산하더라도 이를 대규모 수요처인 도심지로 옮겨오는 것은 또 다른 난제나. 선력세동을 동해 송전하는 것도 한세가 있고, ESS로 저장하여 그 자체를 옮겨온다는 것도 한계가 있다. 이러한 고민을 해결해주는 수단이 바로 수소다. 수소 자체를 압축하거나 액화시켜 운송하려는 방법도 있지만, 최근에는 수소를 암모니아, 메탄올, 이퓨얼E-fuel 등과 같은 다른 화학물질과 결합시켜 상대적으로 운송이 용이한 물질 형태로 저장·운송하려는 시도가 활발하다.

셋째, 수소를 바로 적용할 수 있는 다양한 활용처가 있다는 점도 장점이다. P2X에는 전력으로 수소 및 메탄가스를 생산하는 P2GPower to Gas 외에도 전력을 액체 연료로 변환하는 P2LPower to Liquid, 여타 화학물질로 변환하는 P2CPower to Chemicals, 열에너지로 변환하는 P2HPower to Heat 등이 있다. 심지어 전기를 위치에너지 형태로 보관하였다가 사용하는 형태도 개발되고 있다. 그러나 수소만큼 다양한 사용처와의 연계성을 보여주는 형태는 아직 없다. 수소로 저장했을 경우에는 건물, 운송, 발전(연료전지 및 수소터빈) 등 다양한 형태로 활용이 가능하다. 따라서 수소를 활용한 P2X 방식이 상대적으로 더 많은 장점을 보유하고 있다고 할 수 있다.

물론 단점도 있다. 전기를 또 다른 형태로 변환하여 저장한다는 점에서 변환 효율에 대해 언급하지 않을 수 없다. 변환 효율은 곧 비용으로 직결되기에 매우 중요하다. 수소와 산소를 결합하여 전기와 물을 만드는 것, 그리고 물에 전기를 투입하여 수소와 산소로 나뉘게 하는 것은 이론상으로 그저 화학적 역반응을 활용하는 것에 불과하지만, 기술력에서는 꽤 큰 차이가 있다. 수소와 산소를 결합하여 전기를 만들고 사용하는 연료전지는 상업성 있는 다양한 제품이 개발되어 생산·판매되고 있는데, 수소를 만들어내는 수전해 설비의 경우 그렇지 않은 것이 사실이다. 추가적인 기술력 검증도 필요하지만, 무엇보다 중요한 경제성 확인이 충분히 이뤄지지 않았기 때문이다. 그래도 긍정적인 부분은 전 세계가 그린수소 생산 및 확보에 진심이라는 점이다. 그린수소 생산에 반드시 필요한 수전해 설비 시장이 커진다면, 여기에 발맞춰 기술력과 경제성이 점차 진보하는 선순환 구조를 곧 확보할 수 있을 것으로 예상된다.

신재생에너지와 수소의 공생관계

당연하다고 생각했던 것들이 당연하지 않은 세상이 오고 있다. 엘니뇨와 라니냐라는 말을 들어본 적 있을 것이다. 두 개념 모두 태평양 바닷물의 온도 변화로 발생하는 현상이다. 바닷물 온도의 변화는 해류의 변화를 야기하고, 해류의 변화는 바다 위 무역

풍의 흐름을 변화시킨다. 그러면 대기 중 대류 현상이 더 강해지거나 오히려 반대로 약해지는데, 이는 날씨 변화로 직결된다. 원래 비가 많이 오던 지역이라도 감당할 수 없는 수준의 비가 쏟아지고, 원래 가물었던 지역에서는 더 극단적인 가뭄 현상이 나타나는 것이다. 반대로 원래 비가 많이 오던 지역에 비가 오지 않거나, 원래 가물었던 지역에 갑자기 비가 쏟아지는 현상이 나타나기도 한다. 문제는 이런 엘니뇨·라니냐 현상의 강도가 더욱 거세지고 있다는 점이다. 날씨 변화가 더 극단적으로 치닫거나 정반대의 날씨 현상이 나타난다는 것은 완전히 새로운 환경에 적응해야 함을 의미한다. 농작물 재배가 용이했던 풍요로운 땅은 서서히 메마른 땅으로 변해갈 것이고, 메말랐던 땅에서는 반대로 수해를 걱정해야 하는 상황에 직면할 수 있다.

에너지 차원에서 살펴본다면, 신재생에너지 발전을 위한 최적의 입지 조건이라 생각했던 지역이 그렇지 않은 지역으로 변할 수 있다는 점을 생각해볼 수 있다. 상대적으로 건조하지만 일조량이 풍부했던 지역에 강우량이 증가하면서 충분한 일조량을 확보하기 어려워진다면, 상대적으로 강한 바람이 불던 지역에 바람의 세기 변화가 생긴다면, 신재생에너지 발전을 위한 기본적인 설계부터 달라져야 할 것이다. 거창한 기후위기를 논하지 않더라도 당장의 날씨 변화가 신재생에너지의 기본 구조에 영향을 미친다면, 결국 전기의 안정적인 공급과 전력계통의 관리, 효율성 및 경제성 향상 등이 중요한 화두가 될 것으로 예상된다. 이 경우 수소는 신재생에너지가 직면할 수 있는 어려움을 극복하는 데 도움이 되는 중요한 매개체로서 두각을 나타낼 가능성이 크다. 여러모로 수소와 신재생에너지의 공생관계가 더 끈끈해질 수밖에 없는 환경이다.

5

수소 투자,
두 가지를 유념하라

수소는 정쟁 대상이 아니다

앞서 에너지 안보 확립의 중요성과 기후변화에 따른 신재생에너지 필요성을 언급한 이유는 앞으로 수소가 어떤 역할을 수행하게 될지, 그 필요성은 어느 정도일지를 강조하기 위함이다. 수소 관련 산업과 기업에 투자를 하려면 산업 및 기업에 대한 이해를 높이고 투자자 나름의 확고한 신념이 있어야 한다. 대부분의 투자자들이 실패하는 이유가 단기적 이벤트에 따라 의사결정이 좌우되기 때문이다. 따라서 수소 산업에 성공적인 투자를 하기 위해서는 가장 먼저 산업의 중장기적 방향성에 확신을 가져야 한다. 그럴 때에 중장기적 흐름 속에서 발생하는 작은 파고들은 추가 투자의 기회로 현명하게 활용할 수 있을 것이다.

3장에서 우리나라 수소 산업의 현주소와 방향에 대해 자세히 언급하겠지만, 우리나라는 명실공히 수소 강국이라 자부할 만하다. 가장 많은 수소연료전지 발전설비를 보유하고 있고, 가장 많은 수소연료전지차가 판매된 시장이 이미 형성되었기 때문이다. 전 세계적으로 촉망받는 수소 시장과 기술을 보유하고 있음에도 정작 국내에서는 수소 산업에 회의감이 큰 것 같다. 코로나19와 같은 예상치 못한 변수도 있었지만, 내부에서의 회의감과 망설임 때문에 잃어버린 시간이 너무 아깝게 느껴진다. 우리나라와 같이 에너지 수입 비중이 높은 에너지 빈곤국일수록, 에너지 자립을 위한 수단을 마련하는 것은 국가의 존폐 위기와도 직결된 매우 중요한 일이다. 그리고 때마침 우리가 경쟁자들보다 앞서갈 수 있는 환경이 조성되어 있는데, 이를 적극적으로 활용하지 못한다는 점이 안타까울 뿐이다.

변하지 않는 에너지 패러다임 변화의 방향

신재생에너지의 보급 확대로 인한 에너지 변동성을 최소화하고 전력계통을 안전하게 유지·관리하는 것은 단순히 에너지라는 한 분야에 국한된 일이 아니라, 앞으로의 우리 시대를 관통하는 매우 중요한 생존 전략이 될 것이다. 하지만 수소를 언급할 때마다 개인적으로 가장 많이 받는 질문은 정권이 바뀌면서 에너지 정책도 바뀌는 것 아니냐는 말이었다. 그러나 이러한 걱정과 불안은 이제 내려놓아도 될 것으로 보인다. 2022년 5월 새 정부가 출범한 이후 수소 관련 정책들은 매우 원활하게 이어지고 있다. 새 정부가 출범한 지 약 두 달이 지난 2022년 7월 개최된 국무회의에서는 새 정부 에너지 정책 방향에 대해 심의·의결한 바 있다. 이날 정부는 청정수소 공급망 구축 및 세계 1등 수소 산업 육성을 천명했고, 현재까지도 이 내용은 정책적으로 이어지고 있다. 2022년 11월 개최된 제5차 수소경제위원회에서는 2030년까지 수소상용차 3만 대를 보급하고, 액화수소 충전소 70개소를 구축하겠다는 계획을 논의했다.

제5차 수소경제위원회에서 특히 눈에 띄는 점이 두 가지 있다. 첫째는 수소 수요 증가에 대비하여 인프라를 구축한다는 계획이다. 석탄 발전소 밀집 지역에는 연 400만 t급의 암모니아 인수기지를 구축하고, LNG 발전소 밀집 지역에는 연 10만 t급 액화수소 인수기지 및 수소 전용 배관망을 구축하겠다고 밝혔다. 여기서 우리는 화석연료 발전을 수소연료 발전으로 대체할 가능성이 있다는 점, 그리고 해외에서 수소를 들여오는 과정에서 암모니아와 같은 화학적 결합물을 선택할 가능성이 높다는 점을 파악할 수 있다. 둘째는 에너지 슈퍼스테이션의 발전원으로 연료전지를 사용한다는 계획이다. 에너지 슈퍼스테이션은 주유소와 LPG충전소, 재생에너지 및 연료전지 자가발전을 활용한 전기차 충전소가 함께 있는 곳을 말한다. 내연기관차와 수소연료전지차, 그리고 전기차까지 동시에 충전할 수 있는 사이트를 구축함으로써 수소연료전지차와 전기차 중 어느 한쪽을 선택하는 것이 아닌 공존하는 시장이 형성될 것이라고 해석할 수 있다.

정권이 바뀌는 과정에서 변하는 정책들이 있는 것은 사실이다. 하지만 앞서 살펴본 바와 같이 에너지 패러다임의 변화는 정권이 바뀐다고 달라질 수 없는 시대적 흐름에 가깝고, 이는 일관된 에너지 정책의 필요성을 오히려 부각시킬 것이다. 효율적인 에너지 저장 매개체로서 수소의 역할이 매우 크다는 점을 생각한다면 중장기적 관점에서 수소에 꾸준히 관심을 가져야 한다.

ESG 투자자들의 등장

수소 투자를 위해 반드시 유념해야 할 또 다른 한 가지는 ESG 투자자들이 등장하고 있다는 점이다. 일반적으로 투자자들은 위험 대비 수익을 극대화하기 위한 의사결정을 한다. 하지만 아무리 기대수익률이 높다고 하더라도 투자를 지양하고, 기대수익률이 다소 낮더라도 적극적으로 투자하는 등 일반적으로는 이해하기 힘든 투자 행태를 보이는 투자자들이 등장하기 시작했다. 바로 ESG 투자자다. 이제는 너무 익숙해진 단어인 ESG는 기업의 비재무적 요소인 환경Environment · 사회Social · 지배구조Governance

를 뜻하는 단어다. ESG 투자자들은 환경 파괴적인 사업을 영위하거나, 사회적 책임을 다하지 않거나, 지배구조에 문제가 있는 기업들은 투자 위험대비 기대수익률이 아무리 높다고 하더라도 투자를 지양한다. 반대로 환경 개선에 힘쓰고, 사회적 책임을 다하며, 지배구조 개선에 힘쓰는 기업들에 대해서는 적극적으로 투자를 검토한다.

이러한 ESG 투자자들은 저 멀리 해외에만 있을 것 같다고 생각할지도 모르지만, 우리나라에도 ESG를 고려하는 투자자가 늘고 있다. 실제로 이들은 죄악 산업으로 분류되는 술, 도박, 담배, 무기 관련 사업을 영위하는 기업에 투자 비중을 낮추거나, 사회적으로 논란이 되는 기업에는 과감히 투자를 배제한다. 석탄화력 발전소 건설과 같이 탄소 배출 비중이 높을 것으로 예상되는 프로젝트에 선뜻 투자하겠다는 투자자들이 나타나지 않아 어쩔 수 없이 더 높은 수준의 조달금리를 지불해야 하는 사례들도 나타나고 있다.

일각에서는 ESG가 기업 가치에 미치는 영향은 매우 미미하다고 주장하며 ESG 투자를 비판하기도 한다. 특히 ESG를 측정하는 기준이 명확하지 않으며, 다양한 ESG 평가 기관이 등장하면서 같은 기업이라도 ESG 평가 점수가 극과 극으로 갈릴 수 있다고 지적한다. 그러나 글로벌 기준이 수립되고, 세계적으로 통용될 수 있는 재무적 측정 요소들이 마련되는 등 문제가 지속적으로 개선되고 있기에 ESG를 중시하는 투자자들은 점점 비중이 늘어나게 될 것이다.

ESG 투자자들에게 수소는 아주 매력적인 투자처가 될 수 있다. 수소혼소발전(LNG 가스터빈 설비를 개조한 후 수소를 혼소해 전력을 생산)이나 수소터빈 또는 수소 엔진과 같이 직접적으로 수소를 연소하는 경우도 있지만, 기본적으로는 연료전지를 활용한 화학반응을 우선으로 한다. 수소와 산소가 결합할 때 전기를 얻는데, 그 과정에서 만들어지는 부산물은 물과 열이 전부다. 수소는 친환경 에너지원이자 지속가능한 에너지원이다. ESG 투자자들이 늘어난다는 것은 그만큼 수소에 관심을 기울이는 투자자들이 늘어난다는 말이나 다름없다.

2장

글로벌 시장에 부는 수소 생태계 구축 열풍

1

미국,
에너지 패권국으로의
발돋움 과정

초강대국인 미국은 수소에 관심 없다?

2023년 3월 미국 에너지정보청EIA이 발표한 자료에 따르면 2022년 미국 내 신재생에너지 전력 생산 비중이 21%를 기록하면서 처음으로 석탄 발전 비중을 넘어선 것으로 나타났다. 2022년 미국 석탄 발전 비중은 20%를 기록했고, 원자력 발전 비중도 19%에 그쳤다. 신재생에너지 발전 비중이 석탄 발전뿐만 아니라 원자력 발전 비중까지 앞선 것이다. 한편 천연가스 발전 비중은 2021년 대비 2%pt 증가한 39%를 기록한 것으로 나타났다. 여기에서 우리는 크게 두 가지 시사점을 얻을 수 있다.

첫 번째, 화석연료를 기반으로 하는 기저발전 비중을 급격하게 줄이기는 어렵다. 이는 석탄 발전 비중은 줄어들었지만 천연가스 발전 비중이 증가한 이유이기도 하다. 신재생에너지 발전 비중이 증가하고 있지만, 신재생에너지의 변동성을 감당할 수 있을 만큼의 주변 인프라는 아직 충분히 뒤따라오지 못한 상황이다. 이런 부분들이 준비되기 전까지는 신재생에너지 발전 비중을 늘리는 데 분명 한계가 뒤따를 수밖에 없다. 그렇다면 당분간 화석연료 기반의 기저발전 비중을 유지해야 하는데, 그 안에서 온실가스 및 탄소 배출 저감을 위한 노력의 일환으로 석탄 발전보다는 천연가스 발전 비중을 늘리는 선택을 한 것이다. 1kWh의 전기를 생산하는 데 석탄은 992g의 이산화탄소를 배출하는 반면 천연가스는 이보다 약 44% 적은 549g의 이산화탄소를 배출한다. 천연가스 발전 비중 확대가 완벽한 탄소중립을 실현하는 방안으로 적절하다고 할 수는 없지만, 신재생에너지만으로 100% 탄소중립을 실현하기 어렵다는 점에서 좋은 대안으로 자리매김하고 있다.

　두 번째, 신재생에너지 발전 비중의 증가는 수소를 비롯한 에너지 저장 매개체의 수요를 자극하기에 충분하다. 미국의 2022년 신재생에너지 발전 비중은 21%다. 글로벌 평균이 약 12% 수준이고, 우리나라는 8%에 불과하다는 점을 감안하면 매우 앞선 수치라고 할 수 있다. 그렇다면 신재생에너지 발전 비중이 석탄 발전 비중을 웃돌기 시작한 미국에서는 어떤 일들이 발생하고 있을까? 덕커브 현상이 더욱 뚜렷해지고, 심지어 태양광 발전이 늘어나는 낮 시간에는 오히려 전기 요금이 마이너스를 기록하는 사례도 나타나기 시작했다.

이런 문제를 극복하기 위해 미국은 2022년 한 해 동안 ESS 확충에 진심이었다. 2022년 한 해 동안 미국에 설치된 ESS는 4.8GW 수준으로 알려졌는데, 이는 2020년과 2021년 두 해 동안 설치된 ESS 용량과 비슷한 수준이다. 2022년 당초에는 7~9GW까지 설치할 계획을 발표했지만, ESS에 탑재될 2차전지의 공급량이 부족하여 목표를 달성하지 못했다. 부족한 ESS를 보완하

• 미국 캘리포니아의 신재생에너지 발전 추이

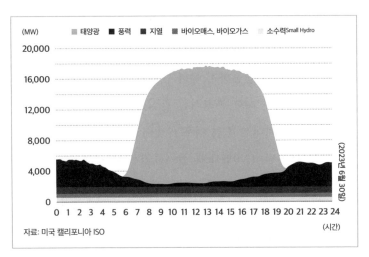

태양광 패널이 많이 설치된 것으로 유명한 캘리포니아의 경우 신재생에너지 중 태양광 비중이 가장 크며, 낮 시간 동안 전력 생산량의 변화가 매우 크다.

기 위한 에너지 저장 매개체로는 단연 수소가 손꼽힌다. 실제로 2022년 8월 발효된 미국의 인플레이션 감축 법안 IRA에는 수전해 방식으로 생산되는 그린수소를 장려하기 위해 수소 1kg 생산당 이산화탄소 배출량을 기준으로 보조금을 차등 지급하겠다는 내용이 담겨 있다. 신재생에너지를 활용하여 물을 전기분해하는 방식의 그린수소 생산법은 친환경적이지만 비싸다는 이유로 기피되는 경우가 많았는데, 정부가 보조금이라는 수단을 통해 확실한 마중물 역할을 함으로써 그린수소 시장의 성장을 유도하겠다는 의지를 내비친 것이다.

오랫동안 지속된 수소에 대한 관심

미국은 이미 오래전부터 수소에 큰 관심을 보였지만, 시대적 흐름 때문에 수소에 집중하지 못하는 듯했다. 미국의 신재생에너지, 대체에너지에 대한 본격적인 관심은 1970년대로 거슬러 올라간다. 2차 세계대전 종전 이후 1950~1960년대 미국은 경제 호황기를 보냈지만, 1970년대에 접어들면서 베트남 전쟁의 실패와 석유파동 등의 여파로 큰 부침을 겪게 된다. 특히 1973년 중동 전쟁으로 촉발된 제1차 석유파동은 미국이 대체에너지의 필요성을 깨닫는 중요한 계기가 되었다. 1974년에는 국제수소에너지협회IAHE가 설립되었고, 1977년에는 공식적으로 미국 에너지부DOE가 창설되었다. 하지만 이어진 2차 석유파동 등의 영향과 경기 침체, 소련과의 냉전시대를 극복하는 과정에서 수소는 개발 우선순위에서 밀려났다.

이후 2000년대에 접어들면서 미국은 다시 수소에 관심을 갖기 시작했다. 2002년 수소연료전지 자동차 개발 프로그램인 프리덤카Freedom CAR 프로젝트를 발표했고, 2003년에는 12억 달러 규모의 수소 에너지 사업 계획을 발표하면서 본격적으로 수소 산업에 뛰어드는 듯한 모습을 보였다. 클린턴 행정부 시절 서명한 교토의정서도 일방적으로 탈퇴 선언해버린 부시 행정부의 결단이라는 점에서 깜짝 놀랄 만한 행보라 할 수 있다. 하지만 부시 행정부의 선택을 곱씹어보면 불가피한 선택이었다는 생각도 든다.

2000년대 초는 미국의 근간 산업이라고 할 수 있는 자동차 산업이 유럽 및 일본 완성차 업체들로부터 거센 도전에 직면한 시기다. 미국의 입장에서는 새로운 폼팩터Form factor(하드웨어 제품의 구성 또는 물리적 배열)를 통해서 난국을 타개하고자 판단했을 가능성이 있다. 하지만 무엇보다 큰 영향을 미친 것은 2001년 발생한 9.11 테러일 것이다. 곧바로 테러와의 전쟁을 선언한 미국은 아프가니스탄·이란·이라크 등을 대상으로 전면전에 나섰고, 이후 10년의 시간이 지난 2011년이 되어서야 9.11 테러의 주범으로 알려진 빈 라덴을 사살하는 데 성공한다. 하지만 이 과정에서 미국은 많은 고민을 할 수밖에 없었다. 이라크·이란·시리아 등은 원유 감산으로 원유 가격 인상을 야기한 석유파동의 주역들이었기 때문이다. 대대적인 테러와의 전쟁을 선언한 상황에서 원유 가격 인상을 걱정하며 주춤하는 모습을 보여줄 수는 없기에 대체에너지·신재생에너지 도입에 적극적으로 나선 것은 어찌 보면 당연한 수순이었다.

국제적 온실가스 감축 노력에 대한 선진국의 책임감을 완전히 떨쳐낼 수도 없었을 것이다. 2001년 미국은 자국민에게 피해를 주는 결정을 할 수 없다는 명분 아래 교토의정서를 탈퇴했지만, 무책임한 행동이라는 거센 비판에 직면한다. 거기에 화석연료의 고갈 시점이 멀지 않았다는 위기감이 더해지면서 수소라는 새로운 에너지원 발굴에 나섰던 것으로 보인다.

2003년 1월 수소 연료 이니셔티브Hydrogen Fuel Initiative를 발표하고 같은 해 11월에는 수소경제를 위한 국제 기구 IPHEInternational Partnership for the Hydrogen Economy까지 설립한 미국이지만, 미국 내부에서도 수소를 에너지원으로 활용하는 방식의 경제성과 활용성에 대한 비판이 계속되었다. 때마침 셰일오일 및 셰일가스를 채굴하는 수압파쇄·수평시추법이 상업화에 성공하면서 수소는 또 한 번 후순위로 밀려나게 된다.

정리하자면 미국이 수소에 전혀 관심이 없다는 말은 사실이 아니다. 화석연료의 주도권을 쥐고 있는 외부 국가에 휘둘리지 않기 위해 일찍부터 대체에너지원으로 수소를 고려하고 있었지만, 충분한 경제성과 활용성을 확보하기 이전 발생한 여러 변수 때문에 집중하지 못했을 뿐이다. 오늘날 상황은 완전히 달라졌다. 그 어느 때보다 신재생에너지를 활용한 에너지 자립의 필요성이 커진 상황에서 수소의 존재감도 함께 커지고 있으니 말이다.

미국이 경험한 에너지발 위기

사실 미국은 중동보다 오랜 석유의 역사를 가진 국가다. 세계 최초로 상업용 원유 시추에 성공한 국가이자, 오늘날 세계 3대 원유로 불리는 서부 텍사스유WTI를 생산하는 대표적인 산유국이다. 특히 미국에서 생산되는 원유는 북해 브렌트유 및 중동 두바이유와 비교했을 때 탄소 비중은 높고 황 함유량이 낮아서 가장 품질이 좋은 것으로 알려져 있다.

 미국은 1859년 펜실베이니아에서 대규모로 원유를 생산하기 시작했다. 원유 채굴 초기에는 그저 램프에 불을 붙여 밤을 비추는 용도로 사용되었지만, 해가 진 이후 시간을 자유롭게 활용할 수 있게 되었다는 것 자체가 문명 발전의 큰 기폭제 역할을 한 것은 사실이다. 이후 미국은 유럽 등으로 원유를 수출하면서 막대한 이익을 거두었지만, 동시에 원유 고갈 가능성에 대한 공포심도 커졌다. 하지만 1901년과 1930년, 미국 텍사스에서 대형 유전이 발견되면서 원유 고갈에 대한 공포심은 완전히 사라졌다. 오늘날 서부 텍사스유로 이름 붙여진 바로 그 품질 좋은 원유 채굴의 시작이었다.

　반면 중동 지역에서 원유 채굴이 시작된 것은 미국보다 한참 늦은 1908년이다. 이미 원유 채굴 사업으로 큰 돈을 벌었던 미국과 유럽 업체들이 경쟁적으로 중동 지역 원유 탐사에 나서면서 얻게 된 결과물이다. 1908년에는 페르시아(현 이란)에서, 1927년에는 이라크에서, 1938년에는 사우디아라비아에서 대형 유전이 발견되었다. 미국·유럽 기업들의 채굴 기술을 근간으로 빠르게 부를 축적한 중동 국가들이지만 빈번한 내전으로 국제 원유 가격의 안정을 저해했고, 1973년부터는 본격적으로 원유를 무기화하려는 움직임까지 보이기 시작했다. 미국 내부에서는 이때부터 원유의 수출입을 국가 안보 차원에서 관리해야 한다는 움직임이 나타났고, 나아가 자국산 원유의 해외 수출을 통제해야 한다는 여론이 형성되었다. 결국 미국은 1975년을 기점으로 자국산 원유 수출을 금지하기 시작했고, 이 금지 조치는 2015년이 되어서야 비로소 해제된다.

　1970년대 미국은 그야말로 격동기를 보내고 있었다. 예상보다 길어진 베트남 전쟁으로 경제 기초 체력이 많이 약해져 있던 미국은 1차·2차 석유파동을 겪으며 감당하기 힘든 물가상승 현상을 경험했다. 10%가 넘는 두 자릿수 물가상승이 당연하게 여겨질 정도로 높은 물가상승률이 이어진 시기였다. 두 번째 석유파동이 있은 후에는 인플레이션 파이터로 유명한 폴 볼커 전 미국 연준의장이 공격적으로 기준금리를 인상했고, 의도된 경기 침체가 나타났지만 미국 경제는 빠르게 안정을 되찾을 수 있었다.

언뜻 보기에 1970년대 미국의 경제 상황은 최근과 크게 다르지 않은 듯하다. 코로나19 팬데믹으로 겪게 된 경기 침체를 극복하기 위해 제로금리 정책 등 적극적인 부양책을 실시한 결과 1970년대 말 이후 약 40여 년 만에 두 자릿수 물가상승률이라는 부작용이 나타났다. 하필이면 러시아-우크라이나 전쟁까지 발발하면서 국제 에너지 가격이 크게 올랐고, 미국은 자연스럽게 1970년대의 공포를 떠올리게 되었다. 1980년 인플레이션 파이터가 그랬던 것처럼, 미국은 2022년 하반기부터 기준금리를 가파르게 끌어올리면서 인플레이션을 억제하는 것이 최우선 과제임을 천명했다.

다행히 2023년에 접어들면서 미국 물가상승률은 안정을 되찾는 모습을 보이고 있지만, 아직까지 방심할 수는 없는 상황이다. 지정학적 갈등이 다시 촉발되거나, 에너지 가격이 반등하는 등 다시금 인플레이션을 야기할 수 있는 불씨가 남아 있기 때문이다. 에너지 가격을 통제하지 못해 큰 경제적 피해를 겪은 기억이 있는 미국임을 명심해야 한다.

이제는 그린수소 주도국

2022년 7월, 미국 바이든 대통령은 직접 사우디아라비아를 방문했다. 에너지 가격 상승이 물가상승을 더 자극하지 않도록 원유 감산 계획을 연기해달라는 요청을 한 것으로 알려졌다. 하지만 사우디아라비아의 무함마드 빈 살만 왕세자는 명쾌한 답변을 내놓지 않았고, 오히려 바이든 대통령에 뒤이어 중동을 방문한 중국 시진핑 국가 주석을 대접하는 데 더 공을 들이는 모습을 보였다. 중동 지역을 둘러싼 G2의 신경전이 표면으로 드러나는 순간이었다. 중동 원유 시장의 이해관계를 논하자면 끝이 없을 것이다. 어찌 되었건 공개적으로 망신 아닌 망신을 당한 미국은 어떤 생각을 했을까? 에너지 안보 확립, 에너지 자립에 더욱 속도를 붙여야겠다는 생각을 하지 않았을까?

앞서 살펴본 바와 같이 미국의 신재생에너지 발전 비중은 빠르게 증가하고 있다. 그리고 당연한 수순이지만 에너지 저장 및 보관에 필요한 ESS 시장도 함께 성장하고 있다. 더불어 이제는 신재생에너지와 수소를 연결하는 그린수소 시장을 확대하기 위한 밑그림을 그리는 중이다. 2021년 6월, 미국 에너지부는 '에너지 어스샷 이니셔티브Energy Earthshots Initiative'라는 청정 에너지 보급 확대 계획을 발표했다. 그중에는 그린수소의 생산 단가를 향후 10년간 80%까지 절감하겠다는 계획이 포함되어 있었고, 이 계획은 2022년 IRA에서 보다 구체화되었다.

미국은 향후 10년 내 그린수소 1kg 생산 가격을 1달러로 떨어뜨리겠다는 목표를 제시했다.

현재 미국의 그린수소 생산 단가는 1kg당 평균 5달러 수준이다. 그린수소의 경우 물을 전기분해하여 수소를 생산할 때 신재생에너지가 아닌 화석연료 발전을 통해 얻은 값싼 전기를 사용하게 되면 탄소 저감 효과가 전혀 없다는 비판을 받기도 했다. 하지만 이제는 IRA를 통해 수소 1kg을 생산하는 데 이산화탄소가 얼마나 발생하는지 단계별로 구분하여 보조금을 차등 지급하겠다는 기준이 마련됨으로써 그린수소 생산을 위한 기반이 더욱 공고해졌다고 볼 수 있다. IRA 기준에 따라 수소 1kg을 생산하는 데 지원받을 수 있는 최대 보조금은 3달러다. 즉, 그린수소 1kg 생산 단가가 2달러 수준으로 낮아진다는 것인데, 미국 내 블루수소(수소 생산 과정에서 발생하는 이산화탄소를 배출하지 않고 별도로 포집하는 형태) 가격이 1kg당 약 1.5달러 수준임을 감안한다면 그린수소도 충분히 경쟁력 있는 가격을 갖추게 되는 셈이다.

　미국은 향후 10년 내 그린수소 1kg 생산 가격을 1달러까지 떨어뜨리는 것을 목표로 하고 있다. 당장은 IRA에 명시된 것과 같이 보조금을 지급하는 형태로 가격을 낮추겠지만, 장기적으로는 그린수소 생산에 필요한 수전해 설비를 확대 보급하고 효율성을 개선하면서 그린수소 생산 비용을 낮추겠다는 계획을 갖고 있다. 실제로 미국 에너지부는 2023년 5월 그린수소 생산 기술

·　2030년 글로벌 수소 생산 비용 전망

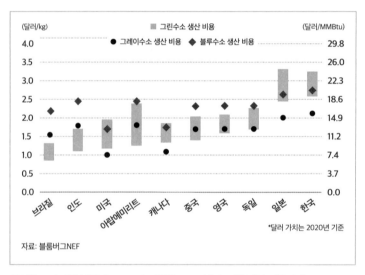

자료: 블룸버그NEF

글로벌 조사기관 블룸버그NEF가 전망한 2030년 수소별 생산 비용이다.
(그린수소의 비용이 범위로 표시된 것은 사용되는 다양한 수전해 유형을 반영했기 때문이다.)
현재는 블루수소가 그린수소보다 생산 비용이 더 낮지만, 2030년까지 한국을 포함한 대부분의 국가에서 이러한 상황이 반전될 것으로 전망했다.

발전을 위해 4,200만 달러(약 554억 원)를 지원한다는 계획을 밝히기도 했다. 그리고 앞서 언급한 청정 에너지 보급 계획인 에너지 어스샷 이니셔티브의 일환으로 10년 안에 수소 1kg 생산 비용을 1달러 이하로 낮추겠다는 1·1·1 목표를 제시했다. 대표적으로 거론되는 투자 분야는 태양광 발전을 연계한 수전해 기술 개발이다. 그린수소 생산 외에도 수소저장용기, 수소 운송 시스템 등 다양한 분야로 지원이 이어질 전망이다. 여기서 한 가지 확실하게 짚어볼 만한 포인트는 결국 미국도 P2X에 큰 관심을 보이고 있다는 것이다. 태양광을 중심으로 하는 신재생에너지 보급이 늘어날수록 초과 생산된 에너지를 어떻게 저장하고 활용하는지가 중요해지기 때문에 태양광 연계 그린수소 기술 개발은 필연적인 수순이다.

2

유럽, 전쟁이 촉발한 에너지 자립

신재생에너지 강국, 수소에 주목하다

2022년 기준 글로벌 태양광·풍력 발전 비중은 약 12% 수준에 그쳤지만, 유럽은 20%를 웃돌았다. 그만큼 유럽은 신재생에너지에 진심이다. 원래도 세계에서 가장 신재생에너지 도입에 적극적인 곳이었지만, 2022년 초 발발한 러시아-우크라이나 전쟁이 그 수요를 자극하면서 신재생에너지 도입 속도가 더욱 빨라지고 있는 상황이다. 유럽은 지리적·사회적·문화적으로 다양한 국가들이 모여 있는 지역으로, 신재생에너지 및 수소 산업에도 이러한 특성들이 반영되어 있는 것을 볼 수 있다.

유럽의 에너지 공동체의 역사는 1951년 설립된 '유럽 석탄·철강 공동체European Coal and Steel Community'로부터 시작되었다. 에너지와 기초 산업을 주제로 시작했으나 이후 경제 공동체로 진화했고, 이는 오늘날의 유럽연합EU에 이르게 된다. 유럽도 1970년대 석유파동 등을 겪으면서 안정적인 에너지 안보 확립의 중요성을 깨달았고, 이후 유럽 전력 및 가스 표준을 수립하는 등 경제 공동체로서 안정적인 에너지 생산과 공급을 위한 행동을 이어갔다.

문제는 유럽 내 모든 국가들의 경제 수준이 비슷하지는 않다는 점이다. 경제 공동체를 표방하지만 국가별 산업 구조나 기초체력이 다르기 때문에, 에너지 분야에서도 에너지 강국과 빈곤국으로 나뉘는 양극화 현상이 심하게 나타난다. 특히 동유럽과 남유럽을 중심으로 에너지 빈곤 현상이 도드라지게 나타나고 있다. 높은 에너지 비용을 충당하기 힘든 국가 경제 상황, 독점기업의 폐해, 부족한 에너지 인프라 등이 주요 원인으로 손꼽힌다. EU에서는 에너지 빈곤을 퇴치하는 방법의 일환으로 청정 에너지 전환 전략 등을 추진했고, 이로써 유럽은 세계에서 가장 높은 신재생에너지 발전 비율을 기록했다.

하지만 유럽의 신재생에너지 전환 전략이 정말 사회적으로 가치 있고, 기후위기를 극복하고 에너지 수급 균형을 유지하는 데 도움이 되는지에 대한 의문을 제기하는 사람들도 많다. 국가별 에너지 양극화의 정도가 생각보다 너무 크고, 신재생에너지의 효율성도 나라별로 다르기 때문에 신재생에너지의 변동성 문제를 극복하면서 에너지를 적절하게 분산할 수 있는 방안이 반드시 필요하다. 신재생에너지의 변동성 극복과 에너지 분산 및 연결망 다변화에 큰 역할을 하게 될 매개체가 바로 수소다.

유럽이 EU라는 이름으로 수소에 본격적인 관심을 보인 것은 2004년부터다. 2004년 EU 수소행동계획 및 로드맵이 발표되었는데, 10년 간격으로 단계를 구분하여 수소경제 도입을 위한 실행계획을 구체적으로 마련했다는 점이 특징이다. 이후 2020년 7월에는 EU 수소에너지 전략을 발표하면서 장기적으로 수소를 핵심 에너지원으로 사용하기 위한 청사진을 제시했다. 코로나19 팬데믹으로 침체에 빠진 경제를 되살리고 새로운 성장 산업을 창출하기 위한 수단으로 수소를 선택한 부분도 있지만, 향후 유럽을 글로벌 수소경제의 중심지로 만들겠다는 목적이 가장 컸다. 신재생에너지를 활용한 그린수소 생산에도 적극적이다. 2024년에는 그린수소 100만 t을, 2030년에는 1,000만 t을 생산하겠다는 구체적인 목표치를 제시하기도 했다. 신재생에너지 강국으로서 보이는 그린수소에 대한 자신감과 큰 목표는 어느 지역이라도 쉽게 따라가기 힘든 수준임은 분명하다.

러시아 – 우크라이나 전쟁이 밟은 가속페달

2022년 2월 발발한 러시아-우크라이나 전쟁은 에너지가 무기화

될 수 있다는 것을 보여준 가장 대표적인 사례다. 이 전쟁으로 세계 각국은 에너지 가격이 급등하는 것도 문제지만, 원천적으로 에너지 공급 자체를 차단했을 경우에는 더 큰 문제가 발생할 수 있음을 깨달았다. 유럽은 지역 내에서 사용되는 천연가스의 절반을 러시아와 연결된 파이프라인을 통해서 공급받는다. 그러나 러시아가 전쟁을 명분 삼아 유럽으로 향하는 파이프라인의 밸브를 잠그자 한순간에 유럽의 천연가스 수급 체계가 무너져 버렸다. 당연히 천연가스 가격은 급등했고 최대한 빨리 다른 에너지 대체 수단을 마련해야만 했다.

유럽이 얼마나 러시아에 천연가스를 의존해왔는지는 액화 천연가스 수입 터미널이 하나도 없었다는 사실을 보면 확인할 수 있다. 우리나라처럼 파이프라인 등을 통해 주변 국가로부터 천연가스를 공급받지 못하는 국가들은 대부분 액화시킨 천연가스를 배에 실어 옮기는 방식으로 천연가스를 공급받는다. 이때 반드시 필요한 설비가 바로 액화시킨 천연가스를 다시 기화시키는 설비다. 최근에는 항구에서 조금 떨어진 해상 구역에서 액화 천연가스를 재기화하여 사용할 수 있는 상태로 만드는 부유식 저장 재기화 설비FSRU가 등장하기도 했지만, 액화 천연가스를 공급받는 항구에 재기화 설비가 구축되어 있는 것이 일반적이다. 그런데 유럽에는 이런 재기화 설비가 단 하나도 없었다. 러시아로부터 파이프라인을 연결하여 천연가스를 공급받는 방식이 훨씬 안전하고 저렴했기 때문이다. 러시아-우크라이나 전

- **유럽 천연가스 가격 추이**

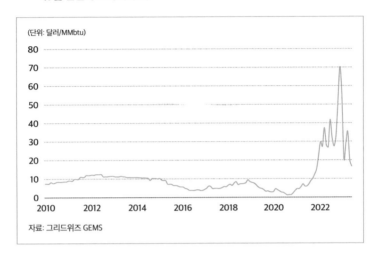

(단위: 달러/MMbtu)

자료: 그리드위즈 GEMS

쟁과 같은 변수가 발생하기 전에는 그랬지만, 이제는 그렇지 않다는 점이 문제다.

러시아가 천연가스 공급을 중단해버리면서 유럽은 재기화 설비가 급히 필요했지만 하루 이틀 만에 당장 재기화 설비를 구축할 수는 없었다. 전쟁이 1년 이상 장기전으로 접어든 가운데, 이제 막 독일에 재기화 설비 하나가 구축된 것이 전부다. 아이러니하게도 이러한 상황이 글로벌 천연가스 운반선의 수요를 자극했고, 전통 조선 강국인 우리나라 조선사들은 2023년이 시작한 지 불과 5개월밖에 지나지 않아 이미 연간 계획한 수주 목표량의 대부분을 천연가스 운반선 위주로 달성하는 괴력을 보여주기도 했다.

사실 러시아-우크라이나 전쟁이 발발하기 전인 2021년부터 이미 유럽 내 천연가스 가격은 꾸준히 오르고 있었다. 러시아가 유럽 지역에 공급하는 천연가스 양을 조절하던 와중 환경 파괴로 찾아온 극단적 날씨 변화(한파 및 폭염 등)는 유럽 내 에너지 소비를 가속화했고, 천연가스 재고가 감소하면서 가격이 상승했다. 여기서 흥미로운 부분은 2021년 9월부터 발생한 그레이수소와 그린수소의 가격 역전 현상이다. 유럽은 상대적으로 풍력 에너지원이 풍부해 이를 활용하여 그린수소를 생산해왔다. 그런데 천연가스를 수증기와 결합하여 수소를 만들어내는 개질수소의 원재료인 천연가스 가격이 상승함에 따라 그레이수소보다 그린수소가 더 저렴해지는 현상이 나타난 것이다. 만약 가격 역전 현상이 계속 유지된다면 굳이 이산화탄소가 배출되는 그레이수소를 생산할 이유는 전혀 없어지게 된다. 뒤이어 전쟁이 발발하며 천연가스 가격이 더욱 급격히 상승하긴 했으나, 아쉽게도 천연가스 가격은 빠르게 안정세를 되찾았다. 그래도 유럽이 경험한 그린수소와 그레이수소 생산 단가 역전 현상은 앞으로 유럽이 그린수소 개발 및 생산에 더욱 힘을 싣게 되는 계기가 되지 않았을까?

지리적·문화적 특성을 살린 수소 산업

서로 다른 지리적 · 사회적 · 문화적 특성을 가진 국가들이 모여 있는 유럽의 경우 수소 관련 정책에도 국가별 특색이 반영되어 있다. 먼저 영국은 풍부한 북해 풍력 에너지를 토대로 저탄소 수소 생산에 집중하고 있다. 여기서 이야기하는 저탄소 수소란 블루수소와 그린수소를 모두 포함하는 단어다. 일단 풍부한 풍력 에너지원을 보유하고 있는 만큼 2030년까지 40GW 이상의 해상 풍력 설비를 보급한다는 계획이다. 그리고 해상풍력과 연계한 그린수소 생산설비를 2024년 10GW까지 확대하는 것을 목표로 하고 있다.

독일은 원자력 발전소와 석탄화력 발전소를 모두 폐쇄하겠다는 정책을 밝힐 정도로 신재생에너지로의 전환에 진심인 국가다. 당연히 신재생에너지 비중이 높아질수록 에너지를 효율적으로 저장하고 활용하기 위한 매개체로서 수소에 더 큰 관심을 가질 수밖에 없다. 실제로 2020년 6월 독일이 발표한 국가수소전략을 살펴보면 수소는 신재생에너지를 저장하는 다목적 에너지 운반체이기 때문에 신재생에너지 정책과 연계하여 추진하겠다는 내용이 담겨 있다.

독일은 유럽 중에서도 가장 큰 수소 시장을 형성하고 있는 것으로 알려졌으나, 자체적으로 충분히 그린수소를 생산하기 어려워 주변 국가로부터 그린수소를 수입하는 양도 많이 증가할 것으로 예상된다. 신재생에너지에 큰 관심을 가지고 있는 만큼 발생하는 잉여 전력을 수소뿐만 아니라 다른 형태로 저장하는 것에도 주목하고 있다. 수소와 이산화탄소를 결합한 합성 가솔

린 및 디젤 연료 생산Power to Liquid, 수소와 탄소 또는 질소를 결합한 메탄올 및 암모니아 생산Power to Chemicals, 히트펌프를 활용한 열에너지 전환Power to Heat 등 다양한 P2X 프로젝트를 진행 중이며, 그 중심에는 수소가 자리매김할 전망이다.

프랑스는 여전히 원자력 발전소와 천연가스 비중이 높아 전체적인 수소의 수요가 크지 않은 국가로 알려져 있다. 에너지 저장 매개체 역할보다는 비료 생산 및 화학 산업에서의 수요가 더 큰 상황이다. 하지만 당장 프랑스 내에서 수소 수요가 많지 않더라도, 프랑스만의 특징인 높은 원자력 발전소 비중을 활용하여 수소 생산 및 주요 수출 국가로 자리매김할 가능성도 배제할 수 없다. 중장기적으로 프랑스도 2035년까지 신재생에너지 발전 비중을 높이고자 계획을 수립 중이지만, 그래도 원자력 발전 비중은 50%를 차지할 것으로 예상된다. 어차피 가동되는 원자력 발전소라면 상대적으로 탄소 배출 비중도 적고, 가격 변동성도 낮고, 안정적인 발전이 가능하다는 원자력 발전의 특징을 살려 핵기반 수소 생산설비를 도입할 수 있는 가능성도 충분하다.

국가별 수소 정책 및 전략은 다양하지만 유럽 지역에서 공통적으로 확인할 수 있는 포인트는 신재생에너지와 수소를 연계하고자 한다는 점이다. 신재생에너지가 갖는 전력 생산 변동성을 보완하기 위한 수소의 가치를 이미 유럽은 깨닫고 있다. 나아가 다양한 형태로의 결합 및 변화까지 시도하며 활용 영역을 점점 넓히고 있다. 우리나라가 수소를 사용하는 연료전지 발전 및 수소연료전지차에 강점을 갖고 있다면, 유럽은 신재생에너지를 활용한 그린수소의 생산에 강점을 갖고 있다고 볼 수 있다. 그런 점에서 유럽과 우리나라는 좋은 시너지를 발휘하는 파트너가 될 수 있을 것이다.

3

중국, 무궁무진한 잠재 가치

좁혀오는 포위망 그리고 에너지 위기

중국은 새롭게 떠오르는 신흥 수소 강국이다. 중국이 수소 산업에 본격적으로 뛰어든다면 그만큼 우리나라 수소 산업에도 영향을 미치고, 기업 간 경쟁이 심화될 가능성이 크다는 점에서 우려되는 것도 사실이다. 하지만 과거 여타 산업의 성장 과정을 살펴보면 중국이 참여함으로써 산업이 성장하고, 빠르게 경제성을 갖추게 된 사례도 적지 않다. 따라서 중국이 본격적으로 수소 산업에 참여한다는 것만 가지고는 웃어야 할지 울어야 할지 판단하기 이르다.

중국이 왜 수소에 관심을 갖기 시작했는지 배경을 한번 살펴보자. 국경 문을 닫더라도 무엇이든지 스스로 문제를 해결할 수 있을 것처럼 보이는 중국이지만, 에너지 분야에서는 이야기가 다르다. 1980년대만 하더라도 중국은 오히려 화석연료 에너지원을 수출하는 에너지 순수출국이었다. 하지만 1990년대 가파른 경제성장을 시작한 이후 중국의 에너지 대외의존도는 빠르게 증가했다. 넓은 영토에 풍부한 에너지원을 보유하고 있었으나, 경제성장에 필요한 에너지원을 자국 영토 내에서만 확보하는 것이 힘들어졌고, 결국 해외로부터 화석연료 에너지원을 수입할 수밖에 없었다.

- **경제성장기 진입 이후 중국의 에너지 자립도 감소 추이**

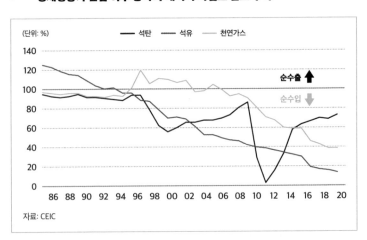

자료: CEIC

풍부한 화석연료 에너지원을 보유하고 있던 중국은 1980년대만 해도 에너지 순수출국이었다. 그러나 1990년대 급격한 경제성장을 겪은 이후 에너지 수입의 비중이 점점 늘어나고 있다.

본격적인 경제성장과 에너지 수요 증가가 1990년대부터 시작된 만큼 중국은 세계 경제를 뒤흔든 석유파동 등을 직접적으로 체감하지는 못했으나, 2000년대 중후반 국제유가가 배럴당 100달러를 상회하는 등 폭등세를 이어가던 시절부터 본격적으로 신재생에너지에 관심을 갖기 시작했다. 2005년에는 처음 신재생에너지법을 제정해 태양광·풍력 산업 육성에 나섰고, 현재는 신재생에너지 발전설비 보유 1위 국가에 등극했다.

하지만 다른 국가들이 공통적으로 겪고 있는 문제와 마찬가지로, 신재생에너지 비중이 증가한다고 해서 화석연료를 기반으로 하는 기저발전 에너지원의 비중을 갑작스럽게 줄일 수는 없는 것이 현실이다. 중국도 경제성장을 유지하기 위해서는 화석연료 에너지원이 지속적으로 필요할 수밖에 없다. 그러나 지정학적 갈등이 심화되면서 에너지원을 수급하는 데도 큰 비용과 노력, 시간이 수반되기 시작했다. 일대일로 프로젝트를 진행하면서 중국은 세계에서의 영향력을 확대해 나갔지만, 그것을 가만히 지켜보고 있을 미국이 아니다. 미국은 오커스AUKUS(미국, 영국, 호주), 쿼드Quad(미국, 인도, 일본, 호주)와 같은 안보 동맹체를 결성하면서 사실상 중국을 전방위적으로 감싸고 견제하는 듯한 모습을 보였다. 육로와 해로에서 심한 견제를 받은 중국의 입장에서는 남은 선택지가 이제 영토·영해·영공의 개념을 뛰어넘는 우주 영역으로의 진출 그리고 에너지 자립의 확대뿐이었을 것이다.

중국 입장에서 다행인 것은 러시아-우크라이나 전쟁 발발과 함께 러시아의 중국 의존도가 커지면서 중국의 글로벌 영향력이 다시금 되살아나고 있다는 점이다. 중국의 영향력이 커지고 있는 모습은 중동 지역에서 나타난 G2 갈등 속에서 확인할 수 있다. 위안화 비중 확대로 페트로달러를 위협하는 페트로위안이 등장할 수도 있다는 가능성이 생겼기 때문이다. 하지만 중국 입장에서 중동은 상수常數가 아닌 변수다. 쉽게 안심할 수 없다. 당장은 러시아와의 강화된 밀월관계로 천연가스 공급이 안정적인 듯 보이지만, 에너지 자립 및 에너지 안보의 확립은 중국 입장에서도 선택이 아닌 필수다.

세계 최대 수소 생산국의 새로운 각성

사실 중국은 이미 세계 최대 규모의 수소 생산국이다. 전 세계 수소 생산량의 약 절반이 중국에서 생산되는 것으로 알려져 있다. 석탄 및 천연가스 개질을 통해 수소를 생산하기도 하지만, 중국 내 밀집되어 있는 제조업 공장에서 발생하는 부생수소 비중이 높다는 것이 특징이다. 가장 많은 수소가 생산되지만 수소를 활용하는 노하우나 기술은 상대적으로 열위에 있는 것이 사실이다. 그래서 중국은 연료전지 기술을 보유한 글로벌 기업에 지분투자를 확대하는 형태로 관련 기술을 확보하기 위한 노력을

2022 베이징 동계올림픽에 선보인 중국의 수소연료전지 버스. 중국은 세계 최대
규모의 수소 생산국이기도 하다.

기울이고 있다.

사실 중국에서 수소는 에너지원으로 평가받기보다 화학품
으로 평가받아 왔다. 과거 중국의 수소 정책을 찾아 거슬러 올라
가면 1985년 발표되었던 수소 이용 안전기술 규정을 확인할 수
있는데, 이 또한 위험 화학품을 안전하게 활용하기 위한 규정에
지나지 않는다. 수소가 본격적으로 에너지원 역할을 하기 시작
한 것은 2019년부터다. 2019년 3월 개최된 전국인민대표회의에
서 본격적으로 수소 산업 육성을 위한 제도를 마련했다. 중국이
가장 우선적으로 추진하는 분야는 수소연료전지차 보급 및 수소

충전소 구축 확대다. 중국은 2025년까지 약 8만 대의 수소연료전지차를 보급하는 것을 목표로 하고 있다. 실제로 2022년 베이징 동계올림픽 당시 수소연료전지 버스를 활용하는 등 진일보한 수소 기술을 지속적으로 공개하고 있다.

생산과 수요 사이의 거리 좁히기

중국에서 최근 수소가 주목받는 진짜 이유는 에너지를 저장하는 매개체 역할로서 수소의 가치를 이해하기 시작했기 때문이다. 중국은 가장 많은 신재생에너지 발전설비를 보유한 국가다. 신재생에너지 자원이 풍부한 서부 및 동북부 지역을 중심으로 발전소가 자리하고 있는데, 문제는 중국 내 전기 수요가 동남 생활권에 집중되어 있다는 점이다. 중국 동남 해안권의 발전량은 전체 발전량의 약 35%를 차지하고 있지만, 사용량 비중은 거의 절반에 달하는 것으로 알려져 있다. 따라서 부족한 전기를 수급해 와야 하는데, 서부 및 동북부 지역에서 생산한 신재생에너지를 동남 해안권으로 보내는 데 분명 한계가 있다. 장거리 송전도 가능은 하겠지만, 송전 거리가 길어지면 길어질수록 손실이 커져 효율이 떨어진다. 결국 선택할 수 있는 가장 효율적인 방법은 수소로 변환하여 옮기는 것이다. 세계에서 가장 많은 양의 철강을 생산하는 중국은 수소환원제철 기술 등을 활용하여 탄소 배출을 줄일 수 있다는 장점도 가지고 있다.

중국은 현재 상대적으로 수소 산업의 성장 속도가 느린 듯 보이지만, 앞으로는 글로벌 주요 수소 기업들의 경쟁 무대가 될 것이다. 세계에서 가장 빠르게 수소연료전지차와 수소충전소가 증가하고 있는 국가인 점은 물론, 중국이 갖고 있는 독특한 난방 체계로 인해 수소연료전지 수요가 증가할 가능성이 있기 때문이다. 상대적으로 기온이 낮은 동북부 지역에는 겨울철 중앙 난방 체계가 잘 갖춰져 있다. 하지만 상대적으로 기온이 높은 남부 지역은 제대로 된 난방 시설이 갖춰지지 않은 곳이 많다. 수소연료전지는 거점별로 전기와 열을 생산할 수 있는 설비라는 점에서 분산 발전 및 열원 공급이 가능하다. 중국처럼 기본 난방 인프라가 부족한 곳일수록 수소연료전지의 활용 가치는 더욱 크게 나타날 것이다.

4

일본,
우리나라와 유사한
현실적인 선택

비슷한 지리적 특성을 지닌 나라

이웃나라 일본은 우리나라와 지리적으로 유사한 특성을 갖고 있다. 섬나라인 일본과 반도 국가인 우리나라의 특성이 동일하다는 의미는 아니고, 신재생에너지와 수소 산업의 관점에서 고려해야 할 지리적 특성이 유사하다는 뜻이다. 전체적인 국토 면적만 놓고 보면 일본은 우리나라보다 약 4배 더 크다. 하지만 우리나라 국토가 동고서저의 융기된 산악 지형이 많은 것처럼 거대한 화산섬으로 이루어져 있는 일본도 산악 지형이 많다. 전체 국토 면적 대비 평야 면적 비중은 우리나라가 약 37%, 일본은 약 27% 수준이다. 물론 절대적인 국토 면적 자체가 일본이 훨씬 크기 때문에 평야 비중이 작다고 하더라도 절대적인 크기는 우리나라보다 더 크다. 하지만 어쨌든 제한적인 평야 면적 때문에 대부분의 대도시가 일본 관동 평야 지역에 밀집되어 있는 것처럼, 우리나라도 수도권에 많은 인구가 몰려 살고 있다.

　산악 지역과 평지를 언급한 이유는 그만큼 우리나라와 일본이 신재생에너지 발전을 하기에 완전 적합한 환경은 아니라는 것을 이야기하고 싶었기 때문이다. 산이 많다고 태양광·풍력 발전소를 짓지 못하는 것은 아니지만, 그만큼 더 많은 비용을 수반하기에 아무래도 평야 지역이 더 유리한 것은 사실이다. 대도시에 특히 많은 인구가 몰려 있다는 점도 우리나라와 일본의 공통점인데, 인구가 많다는 것은 곧 전력 소모가 많다는 것을 의미하고, 전력 소모가 많다는 것은 그만큼 안정적인 전력 공급이 중요하다는 것을 의미한다. 안정적인 전력 공급을 위해서는 안정적인 발전이 필요하며, 당연히 기저발전 역할을 하는 에너지원이 더 많이 사용될 수밖에 없다. 신재생에너지의 비중을 늘릴 수는 있지만, 신재생에너지 발전 비중이 증가했을 때 발생하는 변동성을 만회하기 위한 수단이 추가적으로 더 필요하다고 할 수 있다. 유사한 특성을 보이는 만큼 일본의 에너지 정책은 우리나라도 충분히 참고할 만한 가치가 있다.

에너지 위기와 비싼 전기 요금

일본도 1970년대 석유파동을 겪으며 에너지 자립 의지가 커졌다. 1974년에는 신재생에너지 연구 · 개발에 관한 '선샤인 계획'을 발표해 석유 외 에너지원 다양화를 통해 석유 의존도를 낮추기 위한 움직임을 시작한 바 있다. 그런데 2011년에 발생한 동일본 대지진으로 후쿠시마 원자력 발전소가 파괴되면서 원자력 발전소의 안전성 문제가 대두되었고, 더 이상 원자력 발전을 활용하지 못하는 상황에 이르게 된다. 결국 신재생에너지와 더불어 수소의 비중을 크게 늘릴 수밖에 없었던 일본은 2014년 발표한 제4차 에너지기본계획에서 수소를 유틸리티 부문의 핵심 에너지원으로 설정한다. 2014년에 수소연료전지 전략 로드맵을 발표했으며, 2017년에는 수소기본전략을 수립하고 수소 사회 건설이라는 목표를 천명했다. 2030년까지 수소연료 발전을 상용화하고, 2050년에는 수소연료전지차를 전면 보급하는 것이 주된 목표다.

일본 수소 산업의 또 다른 특징 중 하나는 가정용 연료전지의 보급이 상당히 활발히 진행되었다는 것이다. 에네팜Ene-Farm이라는 이름으로 통칭되는 가정용 연료전지는 도시가스로부터 추출한 수소를 원료로 활용하여, 수소와 산소를 반응시켜 전기를 생산하는 연료전지다. 가정에서 사용하는 전기부터 난방 및 온수 등 다양한 곳에 활용할 수 있다는 특징이 있다. 에네팜은 2009년 가정용 열 병합 발전 시스템 도입 움직임을 기점으로 판

자료: OECD 국제에너지기구

매되기 시작해 이후 10년이 지난 2019년 총 33만 6천 대가 보급될 정도로 큰 인기를 끌었다. 일본에서 가정용 연료전지가 흥행하게 된 가장 큰 이유는 전기와 가스 등 유틸리티 사용 요금은 오르는데 에너팜 시스템 판매단가는 지속적으로 떨어졌기 때문이다.

일본의 전기 요금은 전 세계적으로도 매우 비싼 편에 속한다. 일본 내 지역마다 다른 요금 체계를 갖고 있지만, 일반적으로 가정용 기본 요금은 약 800~1,000엔, 그리고 1kWh당 사용요금은 약 25~30엔 수준으로 알려져 있다. 우리나라는 기본요금 없이 전력 사용량에 따라 누진제를 적용하고 있는데, 기본적으로 300kWh 이하로 전력을 사용할 경우 1kWh당 요금은 112원이다. 즉, 일본의 전기 요금은 우리나라 전기 요금 대비 약 3배 이상 비싸다고 할 수 있다. 일본에서 가정용 연료전지가 인기 있는 이유가 여기에 있다. 직접적인 비교가 될 수는 없겠지만 우리나라의 상황에 빗대어보자면, 에네팜을 사용하는 것은 가스 보일러를 하나 실치했더니 난방과 온수 사용도 되면서 선기도 공짜로 사용하는 격이라고 표현할 수 있을 것 같다. 우리나라도 기본적인 유틸리티 사용 요금 인상에 대한 논의가 활발하게 이뤄지고 있는데, 만약 일본처럼 전기·가스 사용 요금이 높아지게 된다면 가정용 연료전지 보급이 확대될 개연성은 충분하다.

태평양으로 시선을 넓히다

신재생에너지 발전 효율이 상대적으로 낮고, 원자력 발전 활용도도 낮은 일본에서 그린수소를 충분히 생산하는 것은 현실적으로 어렵다. 따라서 일본은 섬나라라는 지형적 특징을 살려 해외에서 수소를 수입하는 것을 적극적으로 검토 중이다. 해외에서 저렴하게 생산 가능한 수소를 수입하거나 해외에서 활용하지 않는 잉여 전력을 활용하여 수소를 생산하고 가져오는 방식이다. 하지만 수소를 직접 배에 직접 실어 나르는 것은 효율성이 떨어진다. 수소는 세상에서 가장 가볍고 확산성이 빠르기 때문에 높은 압력으로 압축한다고 하더라도 단위 면적당 옮길 수 있는 에너지 효율이 떨어진다. 이러한 문제점을 극복하고자 액체수소 저장 및 운송 산업이 대두되고 있지만, 수소를 액체 형태로 유지하는 데 발생하는 비용이 너무 커서 장거리 운송에는 적합하지 않다는 의견이 지배적이다. 결국 수소를 다른 화합물 형태로 결합·저장하는 것이 적절한 대안이 될 것으로 보인다.

일본이 가장 적극적으로 추진하고 있는 사업은 호주의 태양광 에너지를 활용하는 것으로, 호주 사막 지역에서 태양광 발전을 통해 얻은 전기로 그린수소를 만들고, 이를 암모니아 형태로 저장하여 옮겨오는 것이다. 이 외에도 브루나이, 아랍에미리트 등 수소 해외 조달을 위한 협력 국가를 점점 넓혀가고 있다. 이러한 사례는 우리나라도 충분히 참고할 만하다. 대륙에 붙어 있는 반도 국가지만, 분단으로 인해 사실상 섬과 다름없는 우리나라의 특성상 일본이 추구하는 그린수소 해외 도입 방식은 시사하는 바가 크기 때문이다.

5

전통 에너지 강국과 신흥 에너지 강국

중동 산유국의 고민

에너지 패권을 장악하고 있던 중동 산유국도 에너지 패러다임 변화에 대비하기 위한 움직임을 시작했다. 지금까지 풍부한 원유 매장량을 바탕으로 에너지 패권을 유지해왔다면, 이제는 그린수소 강국으로 발돋움하기 위한 준비를 시작한 것이다. 사실 친환경 에너지로의 전환 및 나라별 에너지 자립 움직임으로 인한 신재생에너지 비중 증가는 중동 산유국에 위협 요인으로 작용하고 있다. 하지만 산유국은 이미 이전부터 석유 매장량 고갈을 비롯한 석유 시대 종말을 조금씩 준비해왔다. 1970년대 석유 파동을 비롯하여 고유가가 유지되던 시기에는 대표 산유국들이 막대한 부를 축적할 수 있었다. 지금의 오일머니 파워가 형성될 수 있었던 배경이다. 하지만 반대로 유가 변동성이 커지거나 장기 저유가가 유지될 경우에는 재정 적자를 비롯한 경제 위기를 맞이할 수 있다는 공포도 커져갔다. 이를 극복하기 위해 중동 산유국들은 새로운 에너지 패러다임을 주도할 수 있는 방법을 오랜 시간 고민해왔다. 현실적으로 생각할 수 있는 대안은 풍부한 태양광 에너지를 이용하는 것이다. 태양광 에너지를 활용하여 청정수소를 생산하고 이를 주변 국가로 싸게 수출할 수 있다면, 충분히 새로운 에너지 패러다임을 주도할 수 있다.

사우디아라비아는 2016년 '사우디 비전 2030'을 통해 석유 의존도를 낮추고 점진적으로 신재생에너지 도입 비중을 늘리겠다는 계획을 발표한 바 있다. 특히 총 사업비만 1조 달러를 넘어설 것으로 예상되는 '네옴NEOM시티'는 신재생 및 수소에너지만을 사용하는 친환경 스마트시티라는 점에서 많은 이들의 주목을 받고 있다. 2021년 10월 사우디아라비아의 수도 리야드에서 개최된 '사우디 그린 이니셔티브SGI, Saudi Green Initiative'에서는 네옴시티에서 태양광 및 풍력 발전과 연계해 세계 최대 규모의 그린수소를 생산하겠다는 계획을 밝히기도 했다. 이를 통해 2030년까지 그린수소 생산 비용을 수소 1kg당 1.5달러 내외까지 떨어뜨릴 전망이다.

아랍에미리트도 천연가스와 태양광을 활용한 블루수소 및 그린수소 공급을 확대하겠다는 목표를 세웠다. 2017년 발표한

수소와 신재생에너지만을 사용하는 네옴시티. 사우디아라비아는 석유에 지나치게 의존하고 있는 기존의 경제 구조에서 탈피하기 위해 친환경 스마트 도시를 건설하고 있다.

'UAE 에너지 전략 2050'에 따르면 2050년까지 청정 에너지 비중을 44%까지 확대하고, 발전 부문에서의 탄소 발자국을 70% 감축하겠다는 목표를 세웠다. 더불어 원자력 발전소까지 함께 활용함으로써 2050년까지 원자력 및 태양광·태양열 발전 비중을 전체 전력 생산량의 50%까지 확대한다는 계획이다. 그린수소 외 원자력 발전을 활용한 핑크수소의 확대도 기대해볼 수 있을 것이다. 한 가지 흥미로운 점은 아랍에미리트는 태양광 모듈을 활용한 태양광 발전뿐만 아니라, 태양열 발전을 적극적으로 활용하려는 계획을 세웠다는 것이다. 태양의 빛에너지를 활용해 전기를 생산하는 태양광 발전과 다르게, 태양열 발전은 반사판으로 태양광을 한 곳으로 모으는 집광형 태양열발전CSP 기술을 활용하여 열에너지를 모은 후 이 열로 증기 터빈을 돌려 전기를 얻는 형태다.

아랍에미리트는 다양한 형태로 얻은 친환경 에너지를 활용하여 청정수소를 생산하고, 2030년까지 글로벌 저탄소 수소 시장에서 4분의 1 이상의 점유율을 달성하겠다는 목표를 세웠다. 이렇게 생산된 저탄소 수소 또는 청정수소는 암모니아와 같은 화학적 결합물 형태로 운송될 가능성이 크다.

신흥 에너지 강국 자리를 노리는 국가들

중동 산유국과 비슷한 전략을 수립하고 있는 국가가 바로 호주다. 호주는 대륙 내 사막 지역에서의 태양광 발전을 통해 그린수소를 생산하고, 이를 주변 국가로 수출한다는 계획을 갖고 있다. 2018년부터 국가 수소 로드맵을 발표하여 수소 밸류체인 전반에 걸친 기술 개발을 시작했으며, 현재는 글로벌 수소 유통의 중심지 역할을 하기 위해 다양한 인프라 구축을 계획 중이다. 재미있게도 호주는 세계 1위 석탄 수출국이다. 화석연료 발전 또는 여러 산업 공정에서 필요한 석탄을 수출하면서 부를 창출하는 호주도 화석연료 사용 비중이 점점 줄어들 것을 미리 준비하고 있다. 호주처럼 석탄 매장량이 풍부한 국가는 석탄(갈탄)을 활용하여 수소를 생산할 수도 있다. 고체 상태인 석탄을 고온·고압 처리한 뒤 가스화하여 수소를 추출하는 것이다. 이를 브라운수소라고 부른다. 하지만 브라운수소도 그레이수소와 마찬가지로 수소 추출 과정에서 이산화탄소 또는 일산화탄소가 배출된다는 단점이 있다. 이산화탄소가 그대로 배출될 경우 청정수소로 인정받지 못할 가능성이 크기 때문에 반드시 별도로 탄소를 포집하는 설비가 필요하다. 호주가 탄소포집저장CCS 기술에 진심인 이유다.

이 외에도 세계 각국에서 친환경 에너지와 수소를 연계하고자 하는 움직임이 다양하게 나타나고 있다. 남미의 칠레는 해상 풍력단지와 수소암모니아 생산 플랜트를 한 곳에 구축하여 2027년까지 연간 4,400만 t의 암모니아와 80만 t의 그린수소 생산을 목표로 한다. 브라질은 2025년까지 해안가에 3.4GW급 청정수소 생산단지 조성을 계획하고 있다. 이곳은 해상 및 육상 풍력에너지와 연계한 그린수소 생산단지가 될 것이다. 네덜란드는 북해 해상풍력을 활용하여 그린수소를 생산한 뒤 파이프라인을 활용한 수소 운반까지 검토 중이고, 스위스는 호수 수력 발전소에서 생산된 전기를 활용해 그린수소를 생산하겠다는 계획을 갖고 있다.

이렇듯 세계 각 지역별 핵심 국가들이 수소 시대를 맞이할 준비에 적극적으로 나서고 있다. 얼마나 속도감 있게 준비하는지에 따라 전통 에너지 강국이 지속적으로 패권을 유지할 수도 있고, 새로운 신흥 에너지 패권국이 나타날 가능성도 있다. 우리나라라고 예외는 아니다. 우리나라의 최고 강점은 주변 국가들이 이제 막 수소를 받아들이기 위한 준비를 하고 있는 동안 대규모 발전용 연료전지와 수많은 수소연료전지차를 실제로 운용하고 사용해봤다는 점이다. 우리나라 수소 기업들이 해외 진출을 주저할 필요가 없는 이유가 이것이다.

3장

수소 선진국 대한민국, 성장 속도가 빨라진다

1

우리나라 수소 산업의 현주소

퍼스트 무버이자 글로벌 리더

개인적으로 수소에 관심을 갖게 된 시점은 2017년이다. 금융투자업계에 몸담고 있는 사람으로서 수소경제가 먼 미래의 일이 아님을 투자의 관점에서 해석해 이야기하곤 했다. 그러나 돌아오는 반응은 재미있긴 하지만 아직 실현하기 어렵고, 경제성이 있으려면 시간이 더 필요할 거라는 말이 대부분이었다. 그도 그럴 것이 2017년 문재인 정부 수립 초기에 신재생에너지 육성정책 기조는 뚜렷했지만, 수소에 대한 언급은 크지 않았다. 노후화된 석탄화력 발전소의 가동을 중단하거나 폐쇄하는 것, 새로 건립을 추진 중인 화석연료 발전소 계획을 전면 재검토하는 데 정책의 방점이 찍혀 있었다. 가장 큰 논란을 야기했던 것은 바로 신규 원자력 발전소 건설 계획의 전면 백지화 선언이다. 고리 1호기 영구 정지 선포식을 시작으로 기존 원자력 발전소의 수명 연장도 제한했다. 반면 신재생에너지 공급의무화 제도RPS, Renewable Portfolio Standard를 강화하면서 신재생에너지 도입 비중을 늘리기 위한 움직임을 보였다. 하지만 그 과정에서도 수소가 크게 부각되지는 않았다.

아쉬웠지만 인정할 수밖에 없었다. 수소경제 로드맵이 명확하지 않았을 때고, 지금보다 우리 주위를 돌아다니는 수소연료전지차를 목격하기 훨씬 더 어려웠기 때문이다. 하지만 약 8년여의 시간이 지난 2023년, 우리나라 수소 산업은 글로벌 리더의 지위를 차지하고 있다. 코로나19 팬데믹으로 약 2~3년의 시간을 잃어버렸다는 점을 감안하면 사실상 불과 5년 동안 수소에 대한 인식이 크게 바뀐 것이다. 수소에 대한 인식이 바뀌게 된 가장 큰 계기는 새로운 정부가 들어섰던 것이 아니었을까 조심스럽게 생각해본다.

지금까지 정권이 바뀔 때마다 새로운 정부가 나아가고자 하는 방향과 맞지 않는 정책들의 경우 과감히 폐기되곤 했다. 따라서 처음에는 수소 분야 또한 이전 정권의 산물로 여겨져 새로운 정부에서는 또 다른 방향성을 제시할지도 모른다는 우려가 있었다. 실제로 원자력 발전소의 경우 정권 교체와 함께 이전 정부의 방향과 180도 다른 방향의 정책들이 등장했다. 이전에는 노후 원자력 발전소의 가동을 빠른 시일 내에 중단하고 새로운 원자력 발전소의 건립 계획을 무산했던 반면, 2022년 3월 출범한 윤석열 정부는 기저발전원으로서 원자력 발전소의 중요성을 크게 부각시킨 바 있다. 그러나 다행히도 수소경제에 관한 걱정은 기우에 그쳤다. 모두가 수소의 필요성을 충분히 이해하고 인정했기 때문이라고 생각한다.

2023년 5월 기준 우리나라 수소연료전지 발전설비는 800MW를 넘어섰고, 등록된 수소연료전지차는 3만 2천여 대를 넘어섰다. 전 세계에서 가장 앞선 수치다. 물론 이에 대한 해석은 엇갈린다. 우리나라가 수소 사업을 영위하기 좋은 환경이고 정책적으로 가장 지원이 앞섰기 때문이라는 해석이 있는 반면, 그저 상대적으로 다른 국가들보다 수소 산업에 대한 관심이 높아서였을 뿐 언제든지 순위는 바뀔 수 있다고 해석하는 사람들도 있다.

수소경제 로드맵 어디까지 왔을까?

우리나라가 어떻게 세계에서 가장 많은 수소연료전지 발전설비와 수소연료전지차를 보유하게 되었는지 거꾸로 올라가면서 그 과정을 하나씩 짚어보자. 본격적인 시작을 알린 것은 2019년 1월 발표된 '수소경제 활성화 로드맵'이었다. 이 계획은 현재까지 우리나라 수소경제 확산의 기본 틀로 작용하고 있다. 우리나라가 수소경제 활성화 로드맵을 만들게 된 가장 큰 이유는 크게 두 가지다. 친환경 에너지원을 확보함으로써 에너지 자립에 기여하는 것, 그리고 수소 산업의 활성화를 통해 전후방 경제적·산업적 파급효과를 노리는 것이다.

수소경제 활성화 로드맵이 발표되던 시기를 생각해보자. 2020년 파리협정 발효를 기점으로 우리나라도 온실가스 감축 의무 대상이 되었고, 따라서 탄소 배출을 줄이기 위한 대체 에너지원에 대한 고민이 깊어지던 시점이었다. 2017년 출범한 새 정부가 탈화석연료와 탈원자력을 내세우며 신재생에너지 비중을 확대하자, 신재생에너지의 단점을 극복하면서 활용도를 높일 수 있는 매개체에 대한 수요도 커져갔다. 지속적으로 대두되어온 미세먼지 문제도 이런 고민을 촉발시킨 원인 중 하나였다. 당시는 화석연료 발전 과정에서 발생하는 미세먼지를 저감하기 위해 노력을 기울이고 있었기 때문이다.

수소의 저변이 넓어지면 새로운 산업 생태계가 만들어질 것이라는 기대감도 컸다. 에너지 및 수송 분야에서 수소를 적극적으로 활용할 경우 이를 공급하고 사용하는 모든 분야에서 새로운 폼팩터를 도입해야 한다. 기존 석탄화력 발전 및 가스복합화력 발전은 전기 효율이 낮지만, 수소연료전지 발전은 전기 효율이 높다는 점도 장점으로 거론되었다. 특히 화력 발전소는 새롭게 구축하는 과정에서 입지적 제약 문제(님비현상 등)가 발생할 가능성이 높지만, 수소연료전지 발전소는 상대적으로 입지 선정이 자유롭다는 점에서 친환경 분산 발전의 최적 모델로 언급되었다. 수소연료전지차의 경우 승용·상용 등 다양한 분야가 거론되었고, 열차나 선박, 드론 및 건설기계 등 다양한 운송 분야에서의 도입이 가능할 것으로 예상되었다.

이런 배경을 바탕으로 수소경제 활성화 로드맵에서는 2018년 307MW 수준이었던 수소연료전지 발전설비를 2022년 1.5GW, 2040년 15GW까지 확대하고, 2018년 1,800여 대 수준이었던 수소연료전지차는 2022년 8만 1천 대, 2040년 620만 대 이상으로 확대한다는 내용을 발표했다. 하지만 2023년 5월 기준 수소연료전지 발전설비는 800MW를 넘어선 수준이다. 로드맵에서 발표한 2022년 목표치인 1.5GW 대비 절반 수준이다. 수소연료전지차 누적 판매량은 3만 2천 대를 넘어섰다. 2022년 목표치인 8만 1천대의 약 40% 수준이다. 2020년 초부터 코로나19 팬데믹이라는 예상치 못한 변수가 발생한 바 있지만, 목표치에 크게 못 미치는 수준을 기록했다는 것은 아쉬운 부분이다.

- **수소경제 로드맵 계획과 현황**

	로드맵 계획			현황
구분	2018년	2022년	2040년	2022년
모빌리티 수소차	1.8천 대 (내수 0.9천 대)	8.1만 대 (내수 6.7만 대)	620만 대 이상 (내수 290만 대)	내수 2.9만 대
승용차	1.8천 대 (내수 0.9천 대)	7.9만 대 (내수 6.5만 대)	590만 대 (내수 275만 대)	니수 2.9만 대
택시	-	-	12만 대 (내수 8만 대)	-
버스	2대 (전체 내수)	2,000대 (전체 내수)	6만 대 (내수 4만 대)	-
트럭	-	-	12만 대 (내수 3만 대)	-
수소충전소	14개소	310개소	1,200개소	229개소
열차, 선박, 드론	R&D 및 실증을 통해 30년 이전 상용화 및 수출프로젝트 추진			-
에너지 연료전지 발전용	307.6MW	1.5GW (내수 1GW)	15GW 이상 (내수 8GW)	내수 859MW
가정, 건물용	7MW	50MW	2.1GW 이상	내수 15MW
수소가스터빈	30년까지 기술 개발 완료→35년 상용 발전			-

구분	2018년	2022년	2030년	2040년	2022년
공급/가격 연간 공급량 (=수요량)	13만 t	47만 t	194만 t	526만 t	203만 t
공급방식	부생수소 추출수소	부생수소 추출수소 수전해	부생수소 추출수소 수전해 해외생산	부생수소 추출수소 수전해 해외생산	부생수소 추출수소
수소 가격 (kg당)	-	6,000원	4,000원	3,000원	9,900원

자료: 수소경제 활성화 로드맵(2019)

수소연료전지 사업단의 등장이 갖는 의미

조금 더 거슬러 올라가 보자. 2019년 수소경제 활성화 로드맵이 발표되었다는 사실은 이미 살펴보았다. 그런데 근본적으로 우리나라는 왜 수소에 관심을 갖게 된 것일까? 사실 우리나라가 수소라는 에너지원에 관심을 갖게 된 것은 앞서 언급한 여타 국가들의 이유와 크게 다르지 않다. 우리나라도 에너지 수입 의존도가 매우 높은 국가다. 현재 우리가 사용하고 있는 핵심적인 에너지원인 화석연료의 경우 100% 수입에 의존하고 있다. 따라서 주요 산유국을 둘러싼 환경 변화 또는 거시경제 변화가 우리나라 경제에 미치는 영향이 매우 크다.

1970년대 급격한 경제성장기를 맞이했던 우리나라지만, 여타 국가들과 마찬가지로 석유파동의 여파를 직접 견뎌내야 했다. 기름이 없어 난방을 제대로 하지 못했고, 자전거의 보급이 늘어나기도 했다. 그 당시 지어진 여의도 아파트들은 에너지 절약을 위해 엘리베이터가 층마다 서지 않고 두 개 층이 하나의 엘리베이터 탑승구를 공유하는 형태로 지어졌다. 엘리베이터에서 내려 반 층 걸어 올라가거나 내려가는 구조인 것이다. 1980년대 초 마이너스 경제성장까지 경험한 우리나라도 결국 에너지 자립의 중요성을 깨닫고, 1978년 1월에는 오늘날 산업통상자원부의 모태가 되는 동력자원부를 신설했다.

1988년 1월에는 처음으로 대체에너지개발 촉진법이 시행된다. 오늘날 신재생에너지라 언급하는 태양광·풍력·바이오에너지 등이 포함되었으며, 수소연료전지도 이때 언급되기 시작했다. 또한 당시에는 급변하는 에너지 시장에 대응하기 위해서는 국내에서 준비하는 것도 중요하지만, 에너지 안보 확립 차원에서 직접 해외자원을 개발해야 한다는 목소리도 높아졌다. 따라서 1970년대 후반부터 우리나라도 본격적인 해외자원 개발에 뛰어들었지만, 원유 가격 및 원자재 가격 변동에 따라 내리막길과 오르막길을 반복해서 걷게 된다.

2000년 초반에 접어들면서 에너지 및 원자재 가격은 어느 정도 안정세를 찾았지만, 이제는 환경 파괴 문제가 대두되기 시작했다. 1997년 12월 일본 교토에서 개최된 기후변화협약 제3차 당사국총회에서는 선진국들을 중심으로 온실가스를 의무적으로 감축하자는 합의(교토의정서)가 도출되었다. 합의안의 본격적인 시작은 2005년이었다. 우리나라는 개발도상국으로 분류되어 당장 2005년부터 의무적으로 온실가스를 감축해야 하는 것은 아니었지만, 우리도 언젠가는 온실가스 감축 의무 대상국에 포함될 수 있다는 위기감을 느끼기에는 충분했다. 이는 친환경 에너지 개발의 필요성을 더욱 부각시켰다. 때마침 미국에서 수소 연료 이니셔티브(2003년 1월)가 발표되고, 수소경제를 위한 국제 기구 IPHE(2003년 11월)까지 설립되었다는 점도 큰 영향을 미쳤을 것이다. 이러한 배경 아래 드디어 2004년, 우리나라에서도 수소연료전지 사업단이 출범하게 된다.

당시 산업자원부 산하 대체에너지개발 보급센터에서는 수소연료전지 사업단의 운영을 전담해 수소연료전지 관련 기술 개발 사업, 수소 산업 기반 조성 사업, 공공 및 민간 부분 수소 보급 사업 등을 중점적으로 추진하는 것을 목표로 했다. 2005년에는 친환경 수소경제 구현을 위한 마스터 플랜, 즉, 수소연료전지 산업 중장기 개발 비전을 발표했으며, 수소연료전지 기술 개발과 실용화를 목표로 다양한 신재생에너지와의 연계 및 원자력 에너지와의 연계를 통한 수소연료전지 저변 확대 계획을 밝혔다.

사실 개인적으로는 이러한 배경을 복기하면서 아쉬움이 크고 자기 반성을 하게 되었다. 2019년 수소경제 활성화 로드맵의 등장을 충분히 미리 예상해볼 수도 있었다는 생각이 들었기 때문이다. 형태가 달라질 뿐 언제나 역사는 반복된다. 우리나라 수소연료전지 사업단이 처음 등장하던 시절을 정리해보면 교토의정서라는 범국가적 온실가스 감축 움직임이 있었고, 국제유가의 점진적 상승기였으며, 새로운 경제성장 동력을 찾고 있을 시기였다. 수소경제 활성화 로드맵이 등장하던 시기를 돌이켜보면 마찬가지로 파리협정 발표를 앞두고 있었고, 하락했던 국제유가가 다시금 반등하던 시기였다. 특히 당시 대통령이 수소연료전지 사업단이 처음 설립되던 시기 대통령 비서실에 몸담았음을 감안한다면 수소경제 실천 가능성에 보다 일찍 확신을 가질 수 있지 않았을까?

2 수소 정책으로
살펴보는 방향성

세계 최초 수소법의 제정

2019년 1월 수소경제 활성화 로드맵 발표에 이어 2020년 2월에는 세계 최초로 수소경제법이 공포되었다. '수소경제 육성 및 수소 안전관리에 관한 법률안'이라는 이름을 갖고 있는 약칭 수소법은, 수소 산업을 법적 근거 아래 더욱 확산시키는 계기가 될 것으로 예상되었다. 공포된 지 1년이 지난 2021년 2월부터 본격적으로 수소법이 시행되었지만, 결론적으로 아쉬움이 많이 남는 것이 사실이다.

우선 수소법 제정의 의미부터 차근차근 살펴보자. 세계 최초로 수소법을 제정했다는 것은 큰 의미를 갖고 있다. 국가적 차원에서 수소를 하나의 산업으로 인정하고, 이를 육성하고 성장을 장려하겠다는 의미를 내포하고 있기 때문이다. 특히 수소경제를 육성하는 것뿐만 아니라 우리나라가 진정한 수소 강국임을 세계에 알리는 효과를 기대할 수 있다. 하지만 당연히 반대의 해석도 가능하다. 빈 수레가 요란하다는 평가를 받지 않도록 노력해야 할 것이다. 수소법이 대한민국에서 처음 제정되고 시행되었다는 사실을 세계에 공식적으로 알렸지만, 막상 우리나라 수소 산업 내부를 들여다보았을 때 실속 없다는 평가를 받아서는 안 된다. 또 수소 생태계 확장을 꿈꾸는 여타 국가들이 우리나라 수소법을 타산지석 삼을 수 있기에 모범적이고 교훈적이어야 한다는 부담도 있다. 이에 관해서는 뒤이어서 이야기하겠지만, 어쨌든 우리나라가 수소 강국이자 글로벌 수소경제를 주도하겠다는 의지를 천명했다는 데 큰 의의가 있다.

하지만 무엇보다 가장 큰 의미는 수소 생태계가 확대될 수 있는 법적 근거가 마련되었다는 것이다. 이전에는 실제로 적극적으로 수소 사업을 영위하고자 하는 기업들이 맞닥뜨리는 법적 장애물이 많았다. 예를 들어 가정용 · 건물용 수소연료전지를 설치하거나, 관련 사업을 영위하려는 기업이 있다고 생각해보자. 수소연료전지는 그동안 우리가 일상생활에서 쉽게 접하지 못했던 제품이다. 수소연료전지는 수소와 산소를 결합할 때 발생하는 전기와 열을 활용하는 제품이지만, 우리는 그저 건물에 연결된 전선 · 가스관을 활용하여 전기 및 가스를 사용해왔기 때문에 수소연료전지를 직접 목도할 수 있는 기회는 많지 않았다. 엄밀히 따지면 전혀 다른 제품이지만, 이해를 돕기 위해 군이 비슷한 제품을 골라보자면 도시가스 보일러를 꼽을 수 있을 것이다. 그만큼 직접 눈으로 보지 못한 사용자들에게 수소연료전지를 설명하는 것은 어렵다.

이런 상황에서 관련 사업을 영위하고자 하는 기업에는 어떤 문제가 발생할까? 기존 수소연료전지보다 더 좋은 효율의 수소연료전지를 개발한 기업이 있다고 가정해보자. 이 기업은 어떤 법령과 기준을 바탕으로 새로운 제품을 인증받게 될까? 품질 및 안정성 인증을 받지 않은 제품을 마음대로 판매할 수는 없는 노릇이다. 무조건 인증을 받아야 하는데, 어떤 기준을 적용할지가 문제다. 직접 눈으로 본 적 없는 사람이 대부분일 만큼 수소연료전지라는 제품은 일반적이지 않은 것이 사실이다. 따라서 수소연료전지에 대한 명확한 제품 인증 기준이 아직은 없다. 앞서 군이 도시가스 보일러를 거론한 이유도 실제로 수소연료전지 제품의 인증을 받을 때 도시가스 보일러와 비슷한 잣대로 평가받고 있기 때문이다.

이번에는 수소연료전지차의 경우를 생각해보자. 수소연료전지차는 700bar(일반 대기 압력은 1bar) 압력의 수소저장탱크를 탑재하고 있다. 일반적인 LPG 차량의 연료탱크가 11bar 수준이고, 요즘 출시되는 도넛 탱크가 100bar 내외 수준임을 감안하면 상대적으로 매우 높은 압력으로 수소를 싣고 다니는 것이다. 따라서 높은 압력을 견디기 위해서라도 연료탱크의 성분이나 주변 구성품들의 성능 조건이 완전히 다르게 구성되어야 한다. 일반 금속 탱크로는 한계가 있기 때문에 수소연료전지차에는 탄소섬유를 활용한 연료탱크가 탑재되어 있다. 기존 가스 차량과 비교할 수 없는 수준의 높은 압력의 연료탱크를 탑재하고 있는 수소연료전지차의 안전성과 성능은 어떤 기준으로 검증받아야 할까?

이는 비단 수소연료전지차만의 문제가 아니다. 수소라는 연료를 곳곳에 원활하게 공급하기 위해 수소를 싣고 나르는 수소 운송 트럭(튜브트레일러)도 문제다. 지구상 물질 중 가장 가볍고 확산 속도가 빠른 수소를 한 번에 많이 운송하려면 높은 압력이 필수다. 하지만 수소의 특성을 감안해 높은 압력을 유지한 채 운송할 수 있는 법적 근거는 미흡한 것이 사실이다. 기본적으로 수소도 하나의 가스로 구분되어 일반적으로는 고압가스법에 적용받는다. 하지만 수소라는 물질의 특성상 여타 가스와 같은 기준을 적용 받을 경우 수익성은 현저히 떨어질 수밖에 없다. 그런데 이러한 부분들이 수소법 제정과 시행을 통해 어느 정도 해소되었다. 물론 추가·보완해야 할 부분이 많아 지속적으로 수소법 개정안이 등장하고 있지만, 2020년 최초로 제정된 수소법에는 기본적으로 수소 전문 기업을 확인·육성·지원하고, 수소 특화단지 등을 지정하여 시범 사업을 할 수 있게 지원하며, 수소 연료 사용 시설 등에 대한 안전관리 규정 등이 담겨 있다.

산업 성장 속도를 따라가지 못하는 법과 규제

세계 최초로 수소법이 제정 및 시행되었고, 지금도 수소법 개정안이 지속적으로 마련되고 있지만, 수소경제가 더욱 빠르게 확산되려면 크게 두 가지의 근본적 문제점을 해소해야 한다.

포지티브 규제

첫 번째는 우리나라가 대표적인 포지티브Positive 규제 국가라는 점이다. 포지티브 규제란 법률 및 정책이 허용하는 범위 내에서만 특정 행위를 할 수 있는 것을 의미한다. 반대로 우선 가능한 모든 행위들을 허용하고 반대하거나 규제해야 하는 부분들만 선별적으로 규제하는 방식은 네거티브Negative 규제라고 한다. 우리나라는 도로에서 유턴이 허용된 구간에서만 유턴이 가능하다. 유턴 허용 지역 외에서 하는 유턴은 모두 불법이다. 반면 미국이나 중국은 유턴을 하면 안 된다는 금지 표시가 있는 구역 외에서는 모두 유턴이 가능하다. 우리나라는 대표적인 포지티브 규제 국가이고, 미국·중국은 대표적인 네거티브 규제 국가다.

포지티브 규제와 네거티브 규제 중 무엇이 맞고 틀리다 정의 내리기는 어렵다. 대부분의 행위가 가능한 상태에서 추후 금지 행위를 설정하는 네거티브 규제 방식의 경우 소 잃고 외양간 고치기라는 비판이 항상 뒤따른다. 이미 사건·사고는 발생했는데, 뒤늦게 이를 금지하는 조치를 취하는 것이 어떤 의미가 있냐는 것이다. 반대로 포지티브 규제 정책은 성장 산업의 동력을 막는다는 비판이 뒤따른다. 새로운 성장 산업의 경우 국가 간 경쟁이 치열하고, 빠른 의사 결정과 실행에 나서야 하는 경우가 많은데, 시작도 하기 전에 먼저 법적 기준을 만들어야 한다면 너무 오랜 시간이 걸려 경쟁에서 뒤처질 위험이 있다. 포지티브 규제와 네거티브 규제의 장점을 적절히 살리기 위해 우리나라는 2018년 포괄적 네거티브 규제 방식을 도입해, 규제 샌드박스(새로운 기술을 출시할 때 일정 기간 동안 기존의 규제를 면제하는 제도)를 전격 시행했다. 그러나 규제 샌드박스 과제를 접수하더라도 특례 심의 및 임시허가에 걸리는 시간이 너무 길다는 문제점이 새롭게 대두되고 있다.

결국 포지티브 규제의 최대 맹점은 새로운 성장 산업이 등장했을 때 해당 산업의 성장 속도를 법적·제도적 규제들이 따라가지 못한다는 점이다. 수소 산업도 대표적인 사례다. 다양한 수소 생산 및 공급 방법, 수소를 활용한 유틸리티 및 모빌리티의 실증 등을 자유롭게 할 수 있을 때 새로운 산업이 탄생하고 경제성을 확보할 수 있을 텐데, 법적·제도적 기준이 확립되기 전까지는 마음껏 새로운 시도를 할 수 없다. 2020년 수소법이 제정 및 시행되었고, 이후로도 꾸준히 수소법 개정안이 등장하고 있지만 수소 생태계의 성장 속도를 따라가기에는 역부족이다. 오히려 성장을 저해하는 요소는 아닐까 진지하게 고민해야 한다.

두 번째로 해소되어야 할 문제점이 바로 세부 기준 확립에 관한 것이다. 우리나라는 세계 최초로 수소법을 제정했지만, 수소 산업의 성장 속도를 제대로 좇아가지 못하고 있다. 가장 대표적인 사례가 바로 청정수소의 기준을 확립하는 부분이다.

우리는 새로운 산업이나 기술을 추진하는 데 속도가 얼마나 중요한지 잘 알고 있다. 대표적인 예가 바로 5G 통신 인프라의 구축이다. 우리나라는 세계 최초로 5G 통신 기술 상용화에 성공한 국가다. 우리나라가 세계 최초라는 타이틀에 집착했던 이유는 4G 통신 기술 도입 과정에서 얻은 교훈 때문이다. 기본적으로 이동통신 기술은 국제전기통신연합ITU에서 목표를 제시하고, 국제 표준화 단체 3GPP에서 기술 표준을 확립하는 것으로 결정된다. ITU가 제시한 목표를 달성하는 세부 기술은 세계 각국의 이동통신 전문 기업들이 나름의 방식과 기술로 개발할 수 있고, 이 중 일부가 국제 기술 표준으로 인정받게 된다. 우리나라도 과거 글로벌 4G 통신 기술을 선도하기 위해 노력한 바 있다. 우리가 개발한 통신 기술이 국제 기술 표준으로 인정받는다는 것은 그만큼 우리나라의 통신 인프라 구축 기술과 소프트웨어 기술의 저변이 넓어진다는 것을 의미하기 때문이다. 하지만 결과적으로 우리나라가 4G 표준 기술로 집중했던 Wibro가 아닌 LTE 기술이 표준 기술로 채택되었다. 이를 경험한 우리나라는 5G 통신 기술을 선도하기 위해 세계 최초 상용화에 적극적으로 나섰던 것이다.

　이처럼 세계 최초의 중요성을 너무나 잘 알고 있지만, 수소법 제정 및 시행 이후 움직임은 아쉬움을 자아낸다. 제정된 법률이 제대로 시행되기 위해서는 세부 시행령 등이 빠르게 갖춰져야 하는데, 이 부분에서 다소 시간이 걸리고 있다. 그중 가장 중요한 부분은 '청정수소'를 어떻게 정의하느냐 하는 문제다. 수소법을 제정·시행하는 과정에서 수소연료전지 발전 사업 장려 정책의 일환으로 '수소 발전 의무화제도HPS'를 신설해 기존 '신재생에너지 공급 의무화제도RPS'에서 수소연료전지 부분을 별도로 독립시켰다. 나아가 HPS에서 청정수소 활용을 강조한 '청정수소 발전 의무화제도CHPS'를 도입하면서 수소 발전을 장려함과 동시에 탄소중립을 달성하기 위한 동력을 마련하는 듯 보였다. 하지만 문제는 청정수소를 정의하는 데 너무 많은 시간이 소요되고 있다는 것이다.

　HPS가 신설되면서 기존의 RPS에서 연료전지 항목이 삭제되었음은 물론, 수소연료전지 발전에 적용받는 공급인증서REC 가중치(실제 생산한 전기량에 n배 가중치를 적용해 인정해주는 제도)가 2.0에서 1.9로 감소했다. 결국 수소연료전지 발전 사업자들은 CHPS에 적용받게 되는데, 청정수소가 무엇인지 누구도 명확하게 정의하지 못해 밑그림조차 제대로 그리지 못하는 상황에 직면했다.

　수소법에서 언급된 청정수소란, '수소의 생산·수입 등의 과정에서 배출되는 이산화탄소량 등 대통령령으로 정하는 인증 기준을 충족하는 수소 또는 수소화합물에 대하여 등급별 청정수소 인증을 할 수 있다'고 정의되어 있다. 그런데 수소의 생산·수입 등의 과정에서 배출되는 이산화탄소량을 어떻게 측정하고 어느 기준에 따라 인승할 것인지에 대한 세칙이 없으니 무엇이 청정수소인지 모두가 고민하게 된 것이다.

청정수소의 정의가 중요한 이유

청정수소를 어떻게 정의할 것인지는 매우 민감한 문제다. 수소를 생산하는 방법은 석유화학 및 여타 산업 공정에서 필연적으로 발생하는 부생물인 수소를 포집하여 사용하는 방법, 천연가스를 수증기와 결합하여 수소를 추출해내는 방법, 물을 전기분해하여 수소와 산소로 분리하여 활용하는 방법 등 크게 세 가지로 구분된다. 천연가스를 수증기와 결합하여 수소를 추출하는 과정에서 발생하는 이산화탄소 또는 일산화탄소를 그대로 대기 중에 방출하면 그레이수소, 그대로 방출하지 않고 별도로 포집하여 저장·보관하는 경우는 블루수소, 물을 전기분해하여 만들어낸 수소는 그린수소라는 이름으로 부른다.

석유화학 및 여타 산업 공정에서 자연적으로 발생하는 부생수소를 활용하기 위해서는 당연히 중화학 공업단지가 집중되어 있는 지역에 최대한 가까이 가는 것이 유리할 것이다. 우리나라에서 가장 대표적인 지역은 울산이다. 개질수소는 상대적으로 지리적 제약 사항이 적다. 우리나라는 천연가스 공급 인프라가 가장 잘 갖춰져 있는 국가 중 하나로, 어디서든 천연가스 수급이 용이하다는 장점이 있다. 따라서 개질수소는 어디서든 충분히 활용 가능하다. 하지만 수소 개질·추출 과정에서 발생하는 이산화탄소를 어떻게 처리할 것인지에 대한 고민이 남는다.

물을 전기분해하는 형태의 그린수소를 활용하기 위해서는 신재생에너지 공급이 원활한 지역에 근접한 것이 유리하다. 수소를 만들기 위해 탄소 배출이 많은 화석연료 발전 전기를 그대로 사용한다는 것은 어폐가 있기 때문이다. 이렇듯 어떤 수소를 주력으로 사용할지 여부에 따라 입지 선정 자체가 크게 달라진다.

자, 내가 수소연료전지 발전 사업을 영위하고자 하는 사업자라고 가정해보자. 청정수소가 무엇인지에 대한 정의가 확실히 내려지기 전, 수소연료전지 발전 사업지를 쉽게 선정할 수 있을까? 사업지 선정만이 문제가 아니다. 어떤 타입의 발전용 연료전지를 선택할 것인지에 대한 고민도 바로 이어진다. 어떤 연료전지는 순수 수소만을 공급해야 발전 효율 확보가 가능하고, 어떤 연료전지는 천연가스를 직접 공급하더라도 내부 개질을 통해 발전이 가능하다. 즉, 청정수소의 정의를 명확하게 하는 것은 이 모든 고민을 해결하는 첫 실마리라고 할 수 있다.

2023년 5월, 산업통상자원부 예산·법령 공고 게시판에 '수소경제 육성 및 수소 안전관리에 관한 법률 시행령 일부개정령안 입법예고안'이 게시되었다. 청정수소 인증기준 및 청정수소 인증제도 운영에 관하여 그 시행에 필요한 사항을 규정하기 위함이다. 앞서 살펴본 바와 같이 청정수소를 명확히 정의한다는 것은 복잡하게 얽혀 있는 실타래를 풀 수 있는 실마리를 찾은 것과 같다. 수소법이 처음 제정된 지 3년, 공포 후 시행된 지 2년의 시간이 지났지만, 이제라도 청정수소를 어떻게 인증하고 기록하고 관리할 것인지 기준 확립에 나선다는 것은 매우 긍정적인 신호다.

아쉽게도 수소에 진심이었던 우리나라보다 뒤늦게 수소 생태계 확장에 열을 올리고 있는 주변 국가들이 청정수소 기준을 더 일찍 확립하여 시행하고 있다. 2022년 미국이 발표한 IRA에는 수소 1kg을 생산하는 데 이산화탄소가 4kg 이상 발생하면 청정수소 보조금을 지급하지 않겠다는 내용이 담겨 있다. 4kg 미만의 이산화탄소가 발생할 경우에는 단계별로 구분하여 보조금을 차등 지급한다. 유럽은 2014년부터, 중국은 2020년부터, 일본은 2018년부터 나름의 청정수소 인증 제도를 만들어 시행 중이다.

우리나라는 수소 1kg을 생산하는 과정에서 5kg 미만의 이산화탄소가 발생할 경우 청정수소로 인정할 가능성이 높아 보인다. 미국 IRA와 같이 4kg 미만으로 인정할 가능성도 있지만, 우리나라의 특성상 추후 기준을 더욱 강화하더라도 당장 시행하는 과정에서는 어느 정도 과도기가 분명 필요할 것으로 보인다. 2023년 기준으로 우리나라에서 신재생에너지를 활용한 그린수소 생태계를 구축하는 것은 그리 쉽지 않다. 상대적으로 풍력이나 태양광 자원이 풍족하고 신재생에너지 발전 비중이 높은 국가들은 적극적으로 그린수소 생산에 참여할 수 있겠지만, 우리나라는 신재생에너지 발전 비중이 높지 않고, 천연가스 공급망이 잘 갖춰져 있어 개질수소 생산 방식이 더 적합하다. 결국 배출되는 이산화탄소를 얼마나 잘 포집하고 저장·활용하는지에 따라 블루수소의 효율성이 달라질 것으로 판단된다. 하지만 이산화탄소를 잘 포집하더라도 당장 이를 보관하거나 활용할 수 있는 방법이 뚜렷하게 보이지 않는다는 점을 감안한다면, 청정수소 기준을 너무 과도하게 높게 설정하기보다 현실적인 부분을 고려하여 정책의 연착륙을 유도하는 것이 중요하다.

2023년 하반기, 우리나라도 청정수소 기준을 확립하고 본격적인 수소 생태계 확장에 나설 수 있을 것으로 예상된다. 수소경제 활성화 로드맵 발표 이후 코로나19라는 뜻하지 않은 변수를 맞이하기도 했지만, 이제는 정책적 불확실성도 해소된 만큼 수소 생태계 확장에 보다 적극적으로 나서야 할 시점이다. 불확실성이 해소되고, 투자가 재개되고, 업황이 개선될 수 있는 배경이 마련되었다는 사실만큼 투자자들에게 희소식은 없을 것이다. 에너지 패러다임 변화에 대해 깊이 있게 접근해보기 딱 좋은 시점이다.

• 국가별 청정수소 인증제 기준

국가	등급분류	정의
EU	저탄소 수소 Low-Carbon Hydrogen	• 화석연료 기반의 추출수소의 경우 CCS 또는 CCU를 통하여 CO_2 60% 이상 감축한 수소
	그린수소 Green Hydrogen	• 부분 또는 전부를 신재생에너지로부터 생산한 수소 • 저탄소 수소의 배출 기준 이하 만족
일본	★	• CO_2 배출량 11.2 ~ 39.21kgCO2eq/kgH2
	★★	• CO_2 배출량 7.84 ~ 11.2kgCO2eq/kgH2
	★★★	• CO_2 배출량 4.48 ~ 7.84kgCO2eq/kgH2
	★★★★	• CO_2 배출량 1.12 ~ 4.48kgCO2eq/kgH2
중국	저탄소 수소	• 재생에너지를 고려하지 않고, 14.5kgCO2-e/kgH2 이하 CO_2 감축 • 기준 배출량 대비 50% 감축 수준
	청정수소 Clean Hydrogen	• 재생에너지를 고려하지 않고, 4.9kgCO2-e/kgH2 이하 CO_2 감축 • 저탄소 수소 CO_2 배출량 대비 3분의 1 감축 수준
	재생수소 Renewable Hydrogen	• 재생에너지를 고려하고, 4.9kgCO2-e/kgH2 이하 CO_2 감축 • 저탄소 수소 CO_2 배출량 대비 3분의 1 감축 수준

자료: 한국에너지공단

3

뉴 하이드로젠 시대의 서막

친환경 에너지 확보를 위한 기업들의 움직임

올드 스페이스Old Space와 뉴 스페이스New Space라는 단어가 있다. 올드 스페이스 시대는 과거 미국과 소련의 체제 경쟁 시대를 뜻한다. 2차 세계대전 이후 냉전 시대를 맞이하면서 미국과 소련은 서로를 위협할 만한 무기 체계 개발을 서둘렀고, 1957년 10월 소련이 인류 최초의 인공위성인 스푸트니크Sputnik를 발사하면서 두 나라 모두 인공위성과 달 탐사 등 우주 개발에 적극적으로 참여하기 시작했다. 소련의 해체 이후 절대 1강 자리를 차지하게 된 미국은 더 이상 국가 차원에서의 우주 개발에 적극적으로 나서지는 않았지만, 일론 머스크가 등장하면서 기업 주도의 우주 개척 시대가 열렸다. 이를 뉴 스페이스라 칭한다. 일론 머스크의 스페이스 X, 제프 베조스의 블루 오리진, 리처드 브랜슨의 버진 갤럭틱으로 대표되는 우주 사업 영위 기업들은 나름의 경쟁을 통해 우주 발사체의 비용을 절감하고 경제성을 갖춤으로써 우주를 인간의 생활 영역으로 끌고 들어오는 네 성공했다는 평가를 받는다. 우리나라도 2023년 5월 한국항공우주연구원에서 발사한 누리호의 기술을 민간 기업으로 이관함으로써 뉴 스페이스 시대에 동참하게 되었다. 올드 스페이스에서 뉴 스페이스로의 시대 변화는 공공 자본으로 시작한 일이라도 민간 자본이 더해지면 얼마나 빠른 속도로 산업이 성장할 수 있는지를 보여준 대표적인 사례다.

한편 수소 산업도 민간 자본 중심의 빠른 성장성이 나타나는 뉴 하이드로젠New Hydrogen 시대를 맞이할 수 있을 것으로 보인다. 해외에서도 전통 에너지 사업을 영위하던 기업들이 수소 사업 진출에 적극적인데, 우리나라는 대기업들을 중심으로 한 수소 산업 진출이 활발하게 이뤄지고 있다. 대기업들이 수소 사업에 적극적으로 참여하는 이유는 자명하다. 친환경 에너지를 확보하기 위함이다. 2014년 시작된 RE100Renewable Electricity 100% 캠페인이 이런 흐름을 잘 보여준다. RE100은 2050년까지 기업이 사용하는 전력의 100%를 신재생에너지로 충당하겠다는 자발적인 움직임으로, 우리나라에서는 2021년부터 대기업을 중심으로 참여하려는 움직임이 나타나기 시작했다. 우리나라 기업들의 자발적인 선택이긴 하지만, 그들이 원·부자재 및 부품을 조달하는 글로벌 고객사에서 요청을 한 것도 큰 영향을 미쳤을 것이다.

나아가 최근 우리나라에서는 CF100Carbon Free 100%이라는 목표도 새롭게 등장했다. CF100도 무탄소 에너지원을 100% 사용하겠다는 점에서 RE100과 맥락을 같이한다고 볼 수 있는데, 태양광·풍력과 같은 신재생에너지만으로 모든 전력을 감당하기 어려우니, 탄소 배출이 없는 원자력·수소연료전지 등으로 범위를 확대하는 것을 주요 골자로 한다. RE100으로 가는 과정에서 CF100은 현실적인 목표가 될 가능성이 높다. CF100 달성 과정에 수소연료전지가 포함되었다는 점은 신재생에너지의 단점을 보완하고 효율적으로 에너지를 관리하고 사용하기 위한 저장·활용 매개체로 수소를 적극 활용하겠다는 뜻으로 해석된다. 기업들이 수소 도입에 나선다면 수소 생태계 확장 속도는 더욱 빨라질 것으로 예상된다. 뉴 하이드로젠 시대가 멀지 않았다.

- **국내 주요 대기업의 수소경제 계획**

그룹사	수소 생산	수소 저장 및 유통	수소 활용
GS	· 원유 정제 공장에서 발생하는 부생수소 · 이산화탄소 포집/리사이클링 기술 개발	· 1만 t 규소 액화수소 생산 공장(2025년) · LNG 냉열 에너지 활용 액화수소 플랜트 · 파이프라인 활용한 부생수소 공급/운송	· 15MW 규모 수소연료 전지 발전소 구축 · 액화수소 충전소 구축
SK	· 부생수소/개질수소 · '청록수소' 대량 생산 기업 지분 투자 · '23년 액화수소 3만 t, '25년 청정수소 28만 t	· 튜브트레일러/파이프라인 · LNG 냉열 에너지 활용 액화수소 플랜트 · 2025년까지 수소충전소 100곳 운영	· 블룸SK퓨얼셀, SOFC 연료전지 발전 · 수소 사업 추진단 신설 · SK 주유소, 그린에너지 서비스 허브로 활용
두산	· 수소/전기/열 동시 생산 가능한 트라이젠 · 상업용 해상풍력 발전, 그린수소 실증사업 · 친환경 에너지+수전해=그린수소 생산	· 수소액화 플랜트 EPC · 하루 5t 액화수소 생산 목표 '22년 준공 계획	· 두산퓨얼셀 PAFC 발전용 연료전지 · 두산퓨얼셀파워 가정용/모빌리티용 PEMFC · SOFC 연료전지 개발, 수소 TF 신설
롯데	· 국내 수소 수요 30% 공급하기 위한 로드맵 · 청정수소 2030년까지 연 60만 t 생산 · 부생수소 기반 블루수소+그린수소 생산	· 수소 저장용 고압탱크 개발 추진 · 암모니아 열분해 활용 · 기체 분리막 활용한 CCU 설비 실증	· 2024년 연료전지 발전소 운영 시작 · 액화수소 충전소 50개 구축 · 2030년까지 복합 충전소 200개 확충
포스코	· 제철소 부생수소, LNG 개질수소 2025년까지 연 7만 t 생산 · 블루수소 2030년까지 연 50만 t 생산	· 포스코 강재 적용된 액체수소 저장탱크 · 수소차/충전소 저장탱크 활용 · 해외 블루수소(암모니아) 도입	· 수소환원제철공법, 이산화탄소 배출 절감 · 친환경차 통합 브랜드 e-Autopos · 수소터빈 발전, 부생수소 충전소 운영

한화	• 태양광 등 친환경 에 너지 활용 그린수소 생산 • 수전해 기술 역량 확보 위한 300억 투자 • 석유화학 공정 내 부생수소 발생	• 2019년 고압탱크 업체 TK후지킨 인수 • 미국 고압탱크 업체 시마론 인수 • 저장용기 활용한 수소 운송 및 공급 추진	• 부생수소 활용 5MW 연료전지 발전소 완공 • 차량 연료용 수소 공급
현대 중공업	• 해상 플랜트 발전+ 수전해=그린수소 생산 • 현대오일뱅크 블루수소 생산 추진 • 아람코 천연가스 활용한 개질수소 생산	• 액화수소 운반선 개발 확대	• 친환경 수소연료전지 추진선 • 2030년 180여 개 수소충전소 구축 추진 • 수소연료전지 발전 및 건설기계 장비 추진
현대차	• 수소 추출 설비 활용 한 개질수소 생산 • 당진 현대제철 공장 부생수소 포집 • 새만금 수상 태양광 발전 → 그린수소 생산	• 글로비스, 수소 공급망 관리 최적화 플랫폼 • 튜브트레일러 활용 운송, 수소 공급망 확대	• 세계 1위 수소연료전 지차, 승용/상용 확대 • 수소환원제철공법, 이산화탄소 배출 절감 • 수소연료전지트램, 연료전지 모듈 영역 확대
효성	• 연 1만 3천 t 규모 부생수소 • 태양광/풍력 신재생 에너지 활용 그린수소	• 린데그룹과의 합작 통 한 액화수소 플랜트 • 국내 유일 탄소섬유 생산, 튜브트레일러 확대	• 국내 수소충전소 구축 1위 • 액화수소 충전기술 국산화 추진 • 대형 액화수소 충전 소 구축 추진

자료: 각 사, 언론종합

글로벌 머니의 흐름에 올라타라, 수소경제 실전 투자 가이드

글로벌 머니가 몰려드는 수소 시장에서 기회를 잡으려면 어떻게 해야 할까? 2부에서는 투자하기 전 알아야 하는 수소 관련 지식과 산업 특성을 설명하고, 한국의 기업과 해외 기업, ETF 등 핵심 종목을 소개한다. 미래의 성장성은 물론 현재의 안정성과 수익성, 활동성까지 대표적인 지표를 한번에 볼 수 있도록 정리했으며, 수소경제를 주도하는 핵심 기업들의 강점과 성장 가능성을 애널리스트의 시선으로 분석했다.

수소경제를 주도하는 핵심 기업 분석

1

투자하기 전 반드시 알아야 할 것

수소 산업의 밸류체인

수소 산업의 밸류체인은 수소의 생산, 저장 및 운송, 활용 등 크게 세 분야로 나눌 수 있다. 세계적으로 친환경 에너지 보급이 증가하면서 수소 생태계가 확산되는 가운데, 산업 내 각 분야별로 현재의 화두를 짚어보고 앞으로의 방향을 전망해볼 필요가 있다.

수소의 생산

수소의 생산에 있어서는 블루수소 및 그린수소가 대세로 자리매

- **수전해 장치의 구분**

구분	알칼라인 수전해 AEC	고분자전해질 수전해 PEMEC	고체산화물 수전해 SOEC	음이온교환막 수전해 AEM
전해질	알칼리용액	양이온 교환막	이온전도성 고체산화물	음이온 교환막
사용전극(촉매)	니켈/철	백금/이리듐	니켈 도핑 세라믹	니켈 금속촉매
작동온도(℃)	70~90	50~80	700~850	40~60
설비효율 (kWh/kg)	50~78	50~83	45~55	57~69
수명(h)	60,000	50,000~80,000	< 20,000	> 5,000

자료: 한국에너지기술연구원

김할 것이다. 즉, 수소라는 에너지 저장·운송 매개체를 생산하는 데 부가적으로 발생하는 공해물질을 어떤 식으로 저감하거나 없앨지가 매우 중요한 문제가 될 것이다. 미국은 IRA를 통해 수소 1kg을 생산하는 과정에서 발생되는 이산화탄소 양을 기준으로 보조금을 지급하는 제도를 마련했고, 유럽은 신재생에너지를 연계한 그린수소 생산에 집중하고 있다. 우리나라처럼 현실적으로 부생수소나 개질수소 활용 비중이 높은 국가에서는 부가적으로 발생하는 이산화탄소를 잘 포집하는 블루수소 기술의 중요성이 커질 가능성이 높다. 하지만 궁극적으로는 신재생에너지와 연계된 그린수소 생산이 수소 생산의 중심으로 자리매김하게 될 것이므로 신재생에너지와 연계한 수전해 분야에도 관심을 높여야 한다.

수소의 저장 및 운송

수소의 저장 및 운송 분야에서는 얼마나 많은 양의 수소를 효율적으로 저장하고 운송할 수 있는지가 핵심이다. 이를 위해서는 높은 압력을 견딜 수 있는 수소저장용기가 필요한데, 현재 수소연료전지차에 적용되어 있는 탱크가 바로 탄소섬유를 활용한 타입4 형태의 탱크다. 타입4 탱크로 수소를 저장하고 운송할 경우 현재 수소를 운송하는 데 활용되는 금속 재질의 탱크보다 더 많은 양의 수소를 운송할 수 있다. 이는 곧 운송비 절감 효과로 이어질 가능성이 크다.

액화수소의 등장도 관심있게 지켜볼 부분이다. 국내 대기업들도 액화수소 기술에 관심이 높은데, 액화수소는 높은 압력으로 수소를 저장하는 것보다 훨씬 더 많은 양의 수소를 저장하고 운송할 수 있다는 장점이 있다. 수소를 액화시키기 위해서는 아주 낮은 온도를 유지해야 하는데, 이러한 기술은 이미 우리나라도 충분히 보유하고 있어 상업화 진행 속도가 더욱 빨라질 것으로 전망한다.

수소의 활용

수소의 활용은 수소연료전지 발전과 모빌리티 분야로 구분하여 생각해볼 수 있다. 우리나라는 수소연료전지 발전과 수소 모빌리티 분야에서 세계 1위의 위치를 유지 중이다. 즉, 수소 연료전지 기술과 활용 노하우는 세계에서 가장 앞서 있다고 자부할 수 있다. 국내에 상장되어 있는 수소 산업의 대표 기업들도 연료전지 제품과 기술을 바탕으로 하는 기업들이 대부분이다. 대규모 분산 발전용, 건물용, 자동차용, 잠수함용, 드론용 등 정말 다양한 분야에서 수소연료전지를 활용하고 있다. 결국 앞으로는 얼마나 더 좋은 효율과 낮은 비용으로 연료전지를 생산하고 공급할 수 있을지가 중요한 경쟁력이 될 것이다. 그런 의미에서 꼭 상장 기업뿐만 아니라 관련 기술을 개발하고 사업을 영위 중인 국내 다크호스 기업에도 주목해볼 필요가 있다.

하지만 시간이 지날수록 이런 구분이 의미가 점점 없어지고 있는 것도 사실이다. 수소연료전지 기술을 보유한 기업이 그린수소 생산을 위한 수전해 기술 개발에 뛰어들기도 하고, 수소를 효율적으로 저장하고 운송하는 방법에 대한 연구에 참여하는 등 사업 영역을 확대하기 위한 다양한 시도를 하고 있기 때문이다. 하지만 여기서는 우선 수소의 활용, 저장 및 운송, 생산 분야 순서로 대표적인 국내외 상장 기업들을 정리해보았다. 투자자들에게 가장 익숙한 기업이 포진된 분야 위주로 정리했다. 그에 더

- **연료전지의 구분**

구분	저온형 연료전지		고온형 연료전지	
	고분자전해질 PEMFC	인산형 PAFC	용융탄산염 MCFC	고체산화물 SOFC
전해질	고분자이온 교환막	인산염	탄산염	안정화 지르코니아계
작동 온도	약 80℃ (촉매 필요)	약 200℃ (촉매 필요)	약 650℃ (촉매 불필요)	약 1,000℃ (촉매 불필요)
발전 효율	<40%	40~45%	50~60%	50~60%
특징	· 가동이 비교적 빠름 · 고출력 밀도 · 유지보수 용이 · 물 관리를 요함	· 개발이 가장 진전되어 실적이 많음 · 전해질의 소실이 있음	· 내부 개질 가능 · CO_2 농축에 응용 가능 · 전해질의 소실이 있음 · 가동정지에 장시간 필요	· 고출력 밀도 · 내부 개질 가능 · 유지보수 용이 · 가동정지에 장시간 요함 · 장기성능과 승강온도 사이클 불안
개발 단계	· 수십 W~수십 kW급 전지 스택, 주변 기기 · 자동차 탑재, 가정용 활용 가능 · 신재료 조사	· 1~11MW 플랜트 운전 · 200kW급 상용화	· 200kW급 전지 도입 · 1MW 파일럿 플랜트 실증 시험	· 1~30kW급 전지 실험운전 · 세라믹 재료, 제조법 포함한 연구

자료: 한국에너지공단

해 여러 기업에 분산 투자하는 효과를 기대할 수 있는 국내 대표 수소 관련 ETF도 함께 정리했다. 마지막으로는 우리나라 수소 산업의 미래를 책임질 다양한 비상장 및 스타트업 기업도 간단하게 정리했다. 이 중 어떤 기업들이 우리나라 경제를 이끄는 기업으로 성장할지 꾸준히 관찰하는 것도 또 다른 즐거움이 될 것이라 믿는다.

투자 검토 시 주의할 점

전문 투자자든 개인 투자자든 투자를 계획하거나 언급할 때 가장 간과하기 쉬운 부분이 바로 '투자 기간'과 관련된 부분이다. 다시 말하면 누군가는 중장기적 관점에서 산업이나 기업을 바라보는 반면, 다른 누군가는 단기적인 성과에 집중하는 바람에 의사소통의 오류가 발생할 수 있다는 것이다. 같은 산업 또는 기업을 대상으로 하더라도 누군가는 단기적인 수급 상황과 이벤트, 주가 흐름에 집중하여 이야기하는 반면, 누군가는 중장기적 관점에서 투자 의사결정을 한다. 투자에 정답은 없지만, 바라보는 시선과 관점이 다르다는 점을 이해한 다음 타인의 의견을 수렴하는 것이 좋다.

특히 수소와 같은 성장 산업을 이야기할 때는 더욱 이런 오류가 크게 발생할 수 있다. 앞서 수소가 에너지 패러다임의 변화 과정에서 중요한 매개체가 되리라 강조했던 것처럼, 이 책은 단기적 흐름보다 중장기적 성장과 생태계 확장에 가치 판단의 초점이 맞춰져 있다. 이 경우 가장 중요한 것은 결국 시간과의 싸움이다. 여기서 승리할 수 있는 가장 좋은 방법은 적립식 투자즉, 중장기적 확신을 바탕으로 주가가 조정될 때마다 저렴하게 보유 주식 수를 늘려가는 방법이다. 그렇다면 그 중장기적 확신은 어떻게 가질 수 있을까?

산업 부문과 기업 부문으로 나눠 생각해볼 필요가 있다. 산업의 성장성과 방향에 대해서는 에너지 패러다임의 변화라는 사회적 흐름을 설명하며 충분히 다루었으니 이제 기업을 하나씩 살펴볼 것이다. 그런데 기업의 가치를 검토할 때 미래 성장성에만 초점을 맞추다 보면 쉽게 간과할 수 있는 부분이 바로 현재의 안정성(재무 건전성)이다. 이러한 오류를 범하지 않도록 수익성, 성장성, 안정성, 활동성으로 구분하여 대표적인 지표들을 담아두었다. 이미 발표된 수치를 기준으로 정리했지만, 향후 안정성을 파악할 수 있는 부채비율 지표가 낮아지고 수익성 및 성장성, 활동성 지표의 기울기가 우상향하는 시점을 포착하는 재미를 직접 느껴봤으면 좋겠다. 그 시점이 바로 수소가 우리 주변에 확실히 안착하는 시점이자 투자 성과를 가져다주는 시점이 될 것이다.

수익성과 성장성 – 매출액, 영업이익, 영업이익률

수익성과 성장성을 파악할 수 있는 지표에는 어떤 것이 있을까? 일반적으로 기업(또는 회사)이란 이윤 추구를 목적으로 하는 경제 단위체를 뜻한다. 기업의 목적은 오늘날 점점 다양해지고 있긴 하지만, 최대의 이윤을 효율적으로 달성하는 것을 근간으로 한다. 한 기업이 본래의 사업 활동(제품 판매 및 서비스 제공)을 통해 거둔 실적을 '매출액'이라고 하는데, 이 과정에서 발생하는 제조 및 서비스 원가를 제외하고, 임직원의 급여 등에 해당하는 판관비용을 제외한 이익이 바로 영업이익이다. 본래의 사업 활동과 관련 없이 일시적으로(일회성으로) 발생하는 이익 또는 비용도 분명 있지만, 이는 모두 영업외이익 및 영업외비용으로 반영되기 때문에 손익계산서상 영업이익에 미치는 영향은 없다.

정리하자면 매출액이란 한 기업이 본래의 사업 활동을 통해 거둔 전체 실적을 의미한다. 그리고 영업이익은 이 과정에서 발생하는 필연적인 비용들을 제외하고 남은, 본래의 사업 활동으로 거둔 이익을 의미한다. 물론 진정한 경제적 부가가치의 관점에서 접근하자면 타인자본과 자기자본으로 구성된 투하자본이 거둔 이익과 그에 따른 대가를 지불한 이후 남은 순수한 이익을 고려해야 하지만, 매출액과 영업이익이라는 가장 기본적인 개념만으로도 충분히 한 기업이 본래의 사업을 어떻게 영위하고 있는지 가늠해볼 수 있다. 따라서 매출액과 영업이익의 추이를 살펴보고 얼마만큼의 이익을 남길 수 있는지 영업이익률을 추적 관찰하는 것은 매우 중요하다.

안정성 - 부채비율

부채비율은 자기자본 대비 타인자본의 비중이 얼마나 되는지를 나타내는 비율이다. 산업 및 사업 특수성에 따라 조금씩 다를 수 있지만, 일반적으로 타인자본의 비중이 너무 높으면 기업의 재무 건전성이 떨어지거나 악화되었다고 볼 수 있다. 부채비율이 다소 높더라도 이를 감당할 수 있을 만큼 수익성이 충분히 뒷받침된다면 무리가 없겠지만, 그렇지 않은 경우 얼마든지 기업 부도의 위험이 있기 때문에 부채비율 또한 매우 중요한 지표다. 하지만 수소 산업과 같이 지금 당장 현재의 이익보다 미래 성장성에 조금 더 초점이 맞춰져 있는 산업 또는 기업의 경우 당장의 재무 건전성은 매우 나쁜 것처럼 보일 수 있다. 이 경우에는 사업이 경제성을 갖출 때까지 충분한 자금을 조달할 수 있는 능력이 뒷받침되는지, 경제성을 갖추기 위한 기초 작업이 잘 이뤄지고 있는지에 대한 검토가 필요하다.

활동성 - 총자산 회전율

총자산 회전율은 기업이 보유한 자산을 활용하여 얼마만큼의 매출액을 창출했는지를 나타내는 지표다. 수소 사업을 영위하는 기업들은 저마다 생산설비를 확충하는 경우가 많은데, 이 경우 총자산 회전율은 감소하는 것처럼 보일 수 있다. 하지만 확충한 생산설비가 본격적으로 가동되며 매출액이 증가하는 시점을 맞이할 경우 총자산 회전율이 다시 반등하는 모습이 나타나게 된다. 증설 효과와 함께 실적 반등이 나타나는 포인트를 가늠해볼 수 있다는 점에서 중요한 지표다.

풍부한 경험과
기술력으로 떠오르는
국내 기업

두산퓨얼셀

A336260

시가총액	18,797억 원	상장된 시장	코스피
주가	28,700원	산업 및 섹터	IT
액면가	100원	세부 섹터	전기제품
대표자	정형락, 제후석	본점 소재지	전라북도 익산시
최대주주	두산에너빌리티 외	상장주식 수	65,493,726주
최대주주 지분율	37.8%	PER / PBR	284.9배 / 4.7배

두산퓨얼셀은 발전용 연료전지 전문 기업으로, 오랜 발전용 연료전지 납품 경험과 운영 노하우를 보유하고 있다. 가장 안정성이 높은 것으로 평가받는 인산형 연료전지PAFC를 주력으로 생산하며, 연료전지 모듈 구성을 활용하여 수소를 생산할 수 있는 트라이젠Tri-gen(전기·열·수소 동시 생산 가능) 모델을 개발해 주목받고 있다. 연료전지 수요가 급증하고 있는 중국으로 시장 영역을 확대 중이다.

애널리스트의 시선

국내 대표적인 발전용 연료전지 업체로, 수소법 개정안을 통해 '청정수소'에 대한 정의가 명확해지면 수주 경쟁에서 우위를 점할 것으로 기대된다. 두산퓨얼셀의 PAFC는 개질을 통해 얻은 고순도 수소를 활용하는 제품이기 때문에, 개질수소를 얻을 수 있는 장소에서는 가장 먼저 도입을 검토할 가능성이 크다. 따라서 청정수소의 범주 안에 개질수소가 포함되는지의 여부가 중요해질 것으로 보인다. 수소법 개정안은 시행이 되었지만, 무엇을 청정수소라고 칭할 것인지에 대한 세부 시행령 논의가 이어지고 있는 요즘, 논의가 마무리되는 시점을 계기로 발전용 연료전지 발주 업황 회복을 기대한다.

최근 5년간 주가 흐름

(단위: 원)

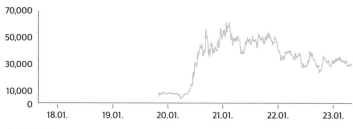

자료: 한국거래소

주요 제품별 매출 비중(2022Y 기준)

주주 구성(2022Y 기준)

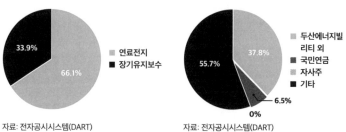

- 연료전지
- 장기유지보수

- 두산에너지빌리티 외
- 국민연금
- 자사주
- 기타

33.9%
66.1%

55.7%
37.8%
6.5%
0%

자료: 전자공시시스템(DART)

자료: 전자공시시스템(DART)

Financial Summary

(단위: 억 원, %, 원)

구분	2019	2020	2021	2022
매출액	2,212	4,618	3,814	3,122
영업이익	195	260	180	72
영업이익률(%)	8.8	5.6	4.7	2.3
EBITDA	188	280	322	197
순이익	119	142	87	39
EPS(원)	656	193	106	47
자본총계	1,668	5,125	5,182	5,231
부채총계	3,290	2,776	1,807	5,039
자산총계	4,958	7,902	6,989	10,269
BPS(원)	2,321	6,263	6,332	6,392

자료: 한국거래소, 전자공시시스템(DART)

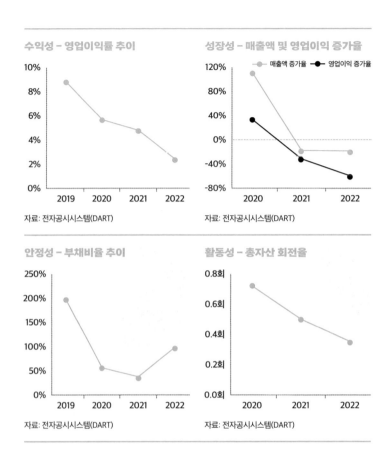

수익성 – 영업이익률 추이

10%
8%
6%
4%
2%
0%
2019 2020 2021 2022

자료: 전자공시시스템(DART)

성장성 – 매출액 및 영업이익 증가율

○ 매출액 증가율 ● 영업이익 증가율

120%
80%
40%
0%
-40%
-80%
2020 2021 2022

자료: 전자공시시스템(DART)

안정성 – 부채비율 추이

250%
200%
150%
100%
50%
0%
2019 2020 2021 2022

자료: 전자공시시스템(DART)

활동성 – 총자산 회전율

0.8회
0.6회
0.4회
0.2회
0.0회
2020 2021 2022

자료: 전자공시시스템(DART)

범한퓨얼셀

A382900

(23.06.30 기준)

시가총액	2,493억 원	상장된 시장	코스닥
주가	28,450원	산업 및 섹터	산업재
액면가	500원	세부 섹터	전기장비
대표자	정영식	본점 소재지	경상남도 창원시
최대주주	범한산업㈜ 외	상장주식 수	8,761,000주
최대주주 지분율	51.4%	PER / PBR	120.4배 / 202배

우리나라에서 유일하게 잠수함용 연료전지를 생산 및 납품하는 기업이다. 연료전지 탑재 잠수함의 경우 기존 디젤엔진 탑재 잠수함보다 잠항 시간이 길고 소음이 적다는 점에서 고도화된 기술로 평가받는다. 범한퓨얼셀은 잠수함이라는 제한적인 공간에서 높은 출력을 낼 수 있는 검증된 연료전지 기술을 보유하고 있다. 최근에는 수소충전소 구축 분야로 사업 영역을 확대 중이다.

애널리스트의 시선

최근 우리나라 방산 물자의 수출이 증가하면서 잠수함의 해외 수출 가능성도 대두되고 있다. 이 과정에서 국내 유일 잠수함용 연료전지 납품 경험은 추가적인 수주 기대감을 높이는 부분이다. 특히 범한퓨얼셀의 잠수함용 연료전지는 고출력 고분자전해질 연료전지PEMFC라는 점에 주목해야 한다. PEMFC는 여타 모빌리티용 및 건물용 연료전지로 주로 사용되기 때문에 얼마든지 사업 영역 확장이 가능하다. 최근 모회사 범한산업의 기체 압축기 기술을 바탕으로 수소충전소 수주가 증가하고 있다는 점도 고무적이다.

최근 5년간 주가 흐름
(단위: 원)

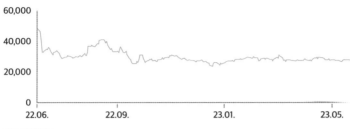

자료: 한국거래소

주요 제품별 매출 비중(2022Y 기준)

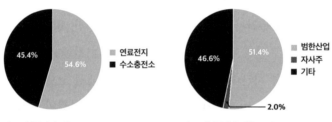

45.4% 54.6%

■ 연료전지
■ 수소충전소

자료: 전자공시시스템(DART)

주주 구성(2022Y 기준)

46.6% 51.4%

2.0%

■ 범한산업
■ 자사주
■ 기타

자료: 전자공시시스템(DART)

Financial Summary

(단위: 억 원, %, 원)

구분	2020	2021	2022
매출액	319	461	507
영업이익	51	62	13
영업이익률(%)	15.8	13.4	2.6
EBITDA	56	80	23
순이익	40	33	23
EPS(원)	605	498	290
자본총계	201	248	1,064
부채총계	268	315	233
자산총계	470	563	1,297
BPS(원)	3,051	3,756	12,395

자료: 한국거래소, 전자공시시스템(DART)

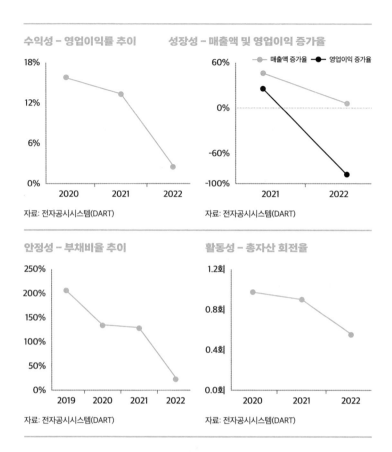

수익성 – 영업이익률 추이

18%

12%

6%

0%
2020 2021 2022

자료: 전자공시시스템(DART)

성장성 – 매출액 및 영업이익 증가율

○ 매출액 증가율   ● 영업이익 증가율

60%

0%

-60%

-100%
2021 2022

자료: 전자공시시스템(DART)

안정성 – 부채비율 추이

250%

200%

150%

100%

50%

0%
2019 2020 2021 2022

자료: 전자공시시스템(DART)

활동성 – 총자산 회전율

1.2회

0.8회

0.4회

0.0회
2020 2021 2022

자료: 전자공시시스템(DART)

에스퓨얼셀

A288620

(23.06.30 기준)

시가총액	1,299억 원	상장된 시장	코스닥
주가	18,610원	산업 및 섹터	IT
액면가	500원	세부 섹터	전기제품
대표자	홍성민, 김민석	본점 소재지	경기도 성남시
최대주주	에스에너지 외	상장주식 수	6,979,316주
최대주주 지분율	39.4%	PER / PBR	167.1배 / 2.0배

에스퓨얼셀은 PEMFC를 활용한 건물용 연료전지 전문 기업이다. 디젤 비상발전기를 대체하기 위한 연료전지 수요도 있지만, 건물 내 친환경 에너지 사용 비중을 높이기 위한 용도로 연료전지 수요가 발생하고 있다. 모빌리티용 등 사업 영역을 확대 중이다. 모회사 에스에너지와 함께 태양광 연계 수소 생태계 구축에도 적극적이다.

애널리스트의 시선

우리나라 건물용 연료전지 시장에서 가장 높은 점유율을 차지하고 있는 기업이다. 건설 산업 업황의 영향을 일부 받는 것도 사실이다. 국내 기업 중 건물용 연료전지를 중심으로 한 해외 시장 개척에 가장 앞서 있으며, 유럽 시장 공략을 위한 제품 인증도 모두 마무리한 상태다. 우리나라에서 건물용 연료전지는 전기, 가스 요금의 상승과 함께 도입 필요성이 더욱 커질 것으로 기대된다. 특히 비상용 디젤발전기 등을 대체하는 친환경 수단이라는 장점이 있기 때문에 지자체별 도입 확대 움직임이 나타날 가능성이 높다.

최근 5년간 주가 흐름

(단위: 원)

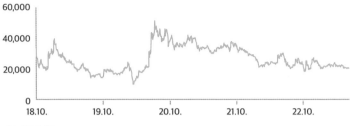

자료: 한국거래소

주요 제품별 매출 비중(2022Y 기준)

주주 구성(2022Y 기준)

- 건물용 연료전지
- 연구용역
- 연료전지 발전
- 기타

6.6%
2.3%
0.2%
90.9%

- 에스에너지 외
- 기타

38.8%
61.2%

자료: 전자공시시스템(DART)

자료: 전자공시시스템(DART)

Financial Summary

(단위: 억 원, %, 원)

구분	2018	2019	2020	2021	2022
매출액	315	380	470	473	468
영업이익	20	22	21	23	12
영업이익률(%)	6.2	5.7	4.5	4.8	2.5
EBITDA	20	21	23	35	24
순이익	15	15	16	49	8
EPS(원)	315	259	267	711	109
자본총계	301	320	645	703	704
부채총계	263	377	503	486	827
자산총계	564	697	1,148	1,189	1,531
BPS(원)	5,475	5,808	9,859	10,227	10,242

자료: 한국거래소, 전자공시시스템(DART)

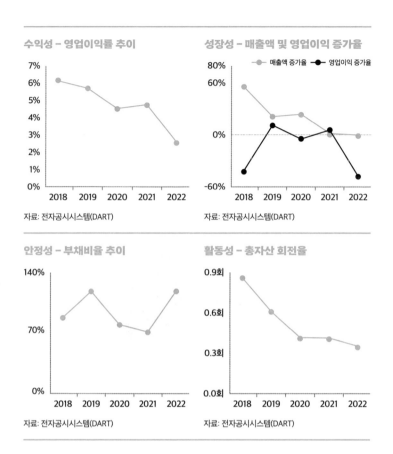

수익성 - 영업이익률 추이

7%
6%
5%
4%
3%
2%
1%
0%
2018 2019 2020 2021 2022

자료: 전자공시시스템(DART)

성장성 - 매출액 및 영업이익 증가율

80%
60%
0%
-60%

● 매출액 증가율 ● 영업이익 증가율

2018 2019 2020 2021 2022

자료: 전자공시시스템(DART)

안정성 - 부채비율 추이

140%
70%
0%
2018 2019 2020 2021 2022

자료: 전자공시시스템(DART)

활동성 - 총자산 회전율

0.9회
0.6회
0.3회
0.0회
2018 2019 2020 2021 2022

자료: 전자공시시스템(DART)

일진하이솔루스

A271940

시가총액	12,002억 원	상장된 시장	코스피
주가	33,050원	산업 및 섹터	경기관련소비재
액면가	500원	세부 섹터	자동차부품
대표자	양성모	본점 소재지	전라북도 완주군
최대주주	일진다이아몬드 외	상장주식 수	36,313,190주
최대주주 지분율	70.0%	PER / PBR	119.1배 / 3.5배

유일한 수소연료전지차 전용 탑재 수소연료탱크 제작 업체다. 수소 저장 시 높은 압력을 견뎌야 하는 특성상 일반 금속 재질의 탱크가 아닌 탄소섬유를 활용한 탱크 '타입4'를 사용하게 되는데, 국내에서 유일하게 상용화에 성공한 기업이다. 해외 완성차 업체 등으로부터 러브콜을 받고 있으며, 탄소섬유가 적용된 튜브트레일러까지 사업 영역을 확대 중이다.

애널리스트의 시선

탄소섬유를 활용한 타입4 형태의 수소저장탱크 생산이 가능한 곳은 세계적으로 소수에 불과하다. 값비싼 원재료인 탄소섬유를 최대한 적게 사용하면서 안전한 제품을 만들어내는 것이야말로 진짜 경쟁력이라 할 수 있으며, 이미 상용화된 승용차량에 탑재되어 충분한 주행 검증을 마쳤다는 점도 큰 경쟁력으로 작용한다. 해외 완성차 업체들의 수소연료전지차 개발 및 생산이 다소 더뎌 보이지만, 일진하이솔루스의 수소저장탱크를 활용해 테스트를 진행 중인 다수의 기업들이 있다는 점에 주목한다.

최근 5년간 주가 흐름 (단위: 원)

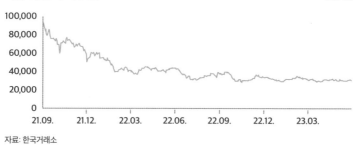

자료: 한국거래소

주요 제품별 매출 비중(2022Y 기준) 주주 구성(2022Y 기준)

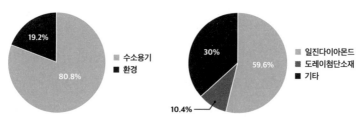

19.2%
80.8%
■ 수소용기
■ 환경

자료: 전자공시시스템(DART)

30%
59.6%
10.4%
■ 일진다이아몬드
■ 도레이첨단소재
■ 기타

자료: 전자공시시스템(DART)

Financial Summary

(단위: 억 원, %, 원)

구분	2018	2019	2020	2021	2022
매출액	286	919	1,135	1,177	1,091
영업이익	6	126	151	98	28
영업이익률(%)	2.1	13.7	13.3	8.3	2.5
EBITDA	19	136	186	141	82
순이익	2	94	156	90	70
EPS(원)	10	388	536	284	194
자본총계	86	377	532	3,072	3,147
부채총계	196	402	281	364	278
자산총계	282	779	813	3,435	3,425
BPS(원)	390	1,298	1,832	8,459	8,667

자료: 한국거래소, 전자공시시스템(DART)

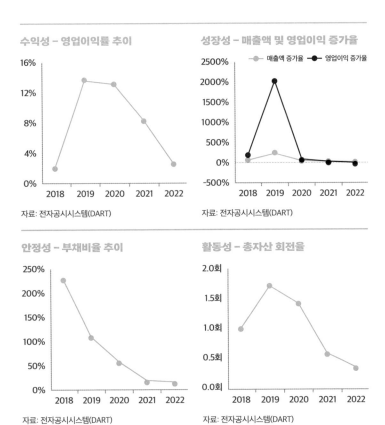

수익성 – 영업이익률 추이

16%

12%

8%

4%

0%

2018 2019 2020 2021 2022

자료: 전자공시시스템(DART)

성장성 – 매출액 및 영업이익 증가율

● 매출액 증가율 ━●━ 영업이익 증가율

2500%

2000%

1500%

1000%

500%

0%

-500%

2018 2019 2020 2021 2022

자료: 전자공시시스템(DART)

안정성 – 부채비율 추이

250%

200%

150%

100%

50%

0%

2018 2019 2020 2021 2022

자료: 전자공시시스템(DART)

활동성 – 총자산 회전율

2.0회

1.5회

1.0회

0.5회

0.0회

2018 2019 2020 2021 2022

자료: 전자공시시스템(DART)

비나텍

A126340

(23.06.30 기준)

시가총액	3,999억 원	상장된 시장	코스닥
주가	68,900원	산업 및 섹터	산업재
액면가	500원	세부 섹터	전기장비
대표자	성도경	본점 소재지	전라북도 전주시
최대주주	성도경 외	상장주식 수	5,803,397주
최대주주 지분율	30.9%	PER / PBR	36.8배 / 5.9배

슈퍼커패시터Supercapacitor 및 PEMFC 연료전지 MEA(막전극접합체, 연료전지 스택의 핵심 부품) 등을 생산한다. 탄소 소재를 다루는 원천기술을 바탕으로 짧은 시간 충·방전에 용이한 중대형 슈퍼커패시터 자체 개발에 성공했으며, 탄소 촉매 및 지지체 등이 필요한 PEMFC 연료전지 MEA 분야로 시장 영역을 확대했다. 글로벌 기업들과 협력 및 납품 계약을 통해 기술력을 인정받고 있다.

애널리스트의 시선

국내에서는 보기 드문 기술력과 가격 경쟁력을 모두 보유한 기업이라고 평가할 수 있다. 기존 사업 부문인 슈퍼커패시터 사업을 통해 원소재인 탄소를 다루는 기술을 확보했고, 이를 바탕으로 PEMFC 연료전지의 핵심 소재 및 부품을 국산화하는 데 성공했다. 글로벌 기업들이 관심을 갖는 이유도 기술력과 가격 경쟁력 때문으로 보인다. 현재는 대규모 양산을 준비하는 과정에 있으며, 본격적인 양산이 시작되면 가격 경쟁력은 더 크게 나타날 수 있다. 글로벌 기업들과의 협업 소식에 귀 기울여보자.

최근 5년간 주가 흐름

(단위: 원)

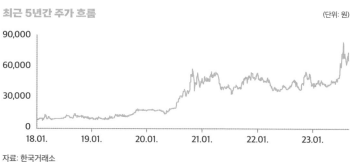

자료: 한국거래소

주요 제품별 매출 비중(2022Y 기준)

0.7% — 1.3%
8.1%
89.9%

- ■ 슈퍼커패시터
- ■ 연료전지부품
- ■ 탈취필터
- ■ 기타

자료: 전자공시시스템(DART)

주주 구성(2022Y 기준)

30.6%
61.2%
5.3%
2.9%

- ■ 성도경 외
- ■ 미래에셋자산
- ■ 자사주
- ■ 기타

자료: 전자공시시스템(DART)

Financial Summary

(단위: 억 원, %, 원)

구분	2018	2019	2020	2021	2022
매출액	329	428	467	490	707
영업이익	41	60	64	56	94
영업이익률(%)	12.4	14.0	13.6	11.5	13.2
EBITDA	16	89	78	114	142
순이익	25	44	46	75	117
EPS(원)	548	916	902	1,324	2,035
자본총계	101	188	434	502	610
부채총계	234	278	372	483	724
자산총계	335	466	806	985	1,333
BPS(원)	2,164	3,888	7,760	8,938	10,952

자료: 한국거래소, 전자공시시스템(DART)

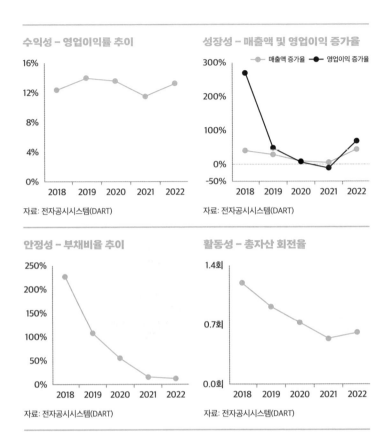

수익성 – 영업이익률 추이

16%

12%

8%

4%

0%
　　2018　2019　2020　2021　2022

자료: 전자공시시스템(DART)

성장성 – 매출액 및 영업이익 증가율

300%　　○ 매출액 증가율 ━●━ 영업이익 증가율

200%

100%

0%

-50%
　　2018　2019　2020　2021　2022

자료: 전자공시시스템(DART)

안정성 – 부채비율 추이

250%

200%

150%

100%

50%

0%
　　2018　2019　2020　2021　2022

자료: 전자공시시스템(DART)

활동성 – 총자산 회전율

1.4회

0.7회

0.0회
　　2018　2019　2020　2021　2022

자료: 전자공시시스템(DART)

한화솔루션

A009830

(23.06.30 기준)

시가총액	72,711억 원	상장된 시장	코스피
주가	42,300원	산업 및 섹터	소재
액면가	5,000원	세부 섹터	화학
대표자	이구영, 김동관, 남이현	본점 소재지	서울특별시 중구
최대주주	(주)한화 외	상장주식 수	171,892,536주
최대주주 지분율	36.5%	PER / PBR	22.9배 / 0.9배

화학 기초 소재 및 신재생에너지 사업을 영위한다. 큐셀 부문을 통해 태양광 셀, 모듈, 태양광 발전 시스템 사업 등을 영위하며, 큐에너지 부문을 통해 유럽 지역 내에서 태양광 발전 솔루션을 제공한다. 또, 차세대 수전해 기술로 손꼽히는 음이온교환막 수전해AEM 설비를 개발 중이다. 태양광 발전 노하우와 수전해 기술이 더해졌을 때의 시너지가 기대된다.

애널리스트의 시선

현재 직접적으로 수소 관련 사업을 영위한다고 언급하기는 어렵지만, 에너지 패러다임의 변화 과정에서 수소라는 매개체가 제대로 된 역할을 하기 위해서는 신재생에너지의 보급 확대가 선제 조건이라는 점에서 주목할 만하다. 대표적인 신재생에너지원으로는 태양광과 풍력이 있는데, 우리나라가 보유한 신재생에너지원의 잠재력과 관련 기술력을 평가했을 때 풍력보다는 태양광이 보다 우위에 있다고 판단된다. 그러므로 글로벌 태양광 발전 솔루션 기업에 더 집중할 필요가 있다. 여기에 수전해 기술이 더해지는 것은 시간문제일 뿐이다.

최근 5년간 주가 흐름

(단위: 원)

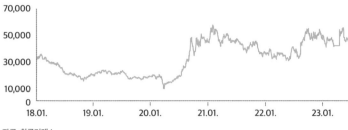

자료: 한국거래소

주요 제품별 매출 비중(2022Y 기준)

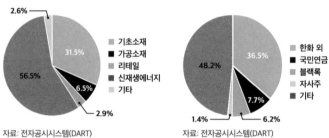

2.6%

31.5%

56.5%

6.5%

2.9%

- 기초소재
- 가공소재
- 리테일
- 신재생에너지
- 기타

자료: 전자공시시스템(DART)

주주 구성(2022Y 기준)

36.5%

48.2%

7.7%

1.4%

6.2%

- 한화 외
- 국민연금
- 블랙록
- 자사주
- 기타

자료: 전자공시시스템(DART)

Financial Summary

(단위: 억 원, %, 원)

구분	2018	2019	2020	2021	2022
매출액	90,460	94,574	91,950	107,252	136,540
영업이익	3,544	4,592	5,942	7,384	9,663
영업이익률(%)	3.9	4.9	6.5	6.9	7.1
EBITDA	8,666	9,279	12,276	16,331	14,379
순이익	1,604	-2,489	3,017	6,163	3,660
EPS(원)	974	-1,526	1,868	3,291	1,902
자본총계	62,271	58,059	59,677	82,013	98,969
부채총계	90,044	98,753	91,696	118,063	139,348
자산총계	152,315	156,811	151,373	200,076	238,317
BPS(원)	37,916	35,706	37,161	42,781	52,160

자료: 한국거래소, 전자공시시스템(DART)

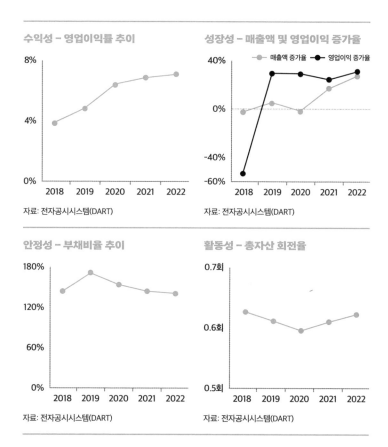

수익성 – 영업이익률 추이

8%

4%

0%

2018 2019 2020 2021 2022

자료: 전자공시시스템(DART)

성장성 – 매출액 및 영업이익 증가율

매출액 증가율 ● 영업이익 증가율

40%

0%

-40%

-60%

2018 2019 2020 2021 2022

자료: 전자공시시스템(DART)

안정성 – 부채비율 추이

180%

120%

60%

0%

2018 2019 2020 2021 2022

자료: 전자공시시스템(DART)

활동성 – 총자산 회전율

0.7회

0.6회

0.5회

2018 2019 2020 2021 2022

자료: 전자공시시스템(DART)

현대로템

A064350

(23.06.30 기준)

시가총액	39,892억 원	상장된 시장	코스피
주가	36,550원	산업 및 섹터	산업재
액면가	5,000원	세부 섹터	기계
대표자	이용배	본점 소재지	경상남도 창원시
최대주주	현대자동차 외	상장주식 수	109,142,293주
최대주주 지분율	33.8%	PER / PBR	16.9배 / 2.2배

철도 차량 및 방산 물자 중심의 사업을 영위 중이지만, 에코플랜트 사업 부문에서는 SMR^{Steam Methane Reforming} 공정을 통해 수소를 생산하는 개질수소 추출기 및 수소충전소 구축 사업을 영위하고 있다. 모기업의 수소 모빌리티 생태계 구축에 있어 수소 생산 및 공급 인프라를 담당할 가능성이 높다. 수소연료전지를 탑재한 열차 및 트램 등 차세대 모빌리티를 직접 제작하는 것이 가능하다는 점도 긍정적이다.

애널리스트의 시선

수소 모빌리티는 승용차보다 상용차 시장에서 더 경쟁력을 갖는 것이 사실이다. 모회사가 생산하는 버스나 트럭, 그리고 현대로템의 전공 분야인 트램이나 열차는 대부분 일정한 구간을 왕복 운행하고, 차고지를 거쳐 운행을 시작한다는 특징이 있다. 즉, 차고지라는 특정 사이트에서 수소를 생산 및 공급하는 설비 구축이 중요한데, 이런 기술력과 경험은 모두 현대로템이 보유하고 있다. 따라서 현대차 그룹의 수소 생태계 구축의 핵심적인 역할을 할 것으로 기대한다.

최근 5년간 주가 흐름 (단위: 원)

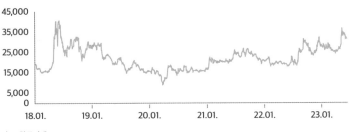

자료: 한국거래소

주요 제품별 매출 비중(2022Y 기준)

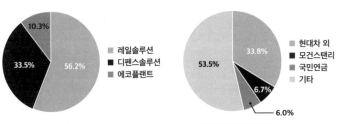

- 레일솔루션 56.2%
- 디펜스솔루션 33.5%
- 에코플랜트 10.3%

자료: 전자공시시스템(DART)

주주 구성(2022Y 기준)

- 현대차 외 53.5%
- 모건스탠리 6.7%
- 국민연금 6.0%
- 기타 33.8%

자료: 전자공시시스템(DART)

Financial Summary

(단위: 억 원, %, 원)

구분	2018	2019	2020	2021	2022
매출액	24,119	24,594	27,853	28,725	31,633
영업이익	-1,962	-2,799	821	802	1,475
영업이익률(%)	-8.1	-11.4	2.9	2.8	4.7
EBITDA	-2,032	-2,235	920	985	1,744
순이익	-3,080	-3,557	224	514	1,945
EPS(원)	-3,539	-4,168	325	609	1,802
자본총계	11,080	8,829	13,462	12,683	14,915
부채총계	28,942	32,014	28,512	28,389	33,324
자산총계	40,022	40,843	41,974	41,072	48,239
BPS(원)	12,282	9,695	12,493	11,847	13,930

자료: 한국거래소, 전자공시시스템(DART)

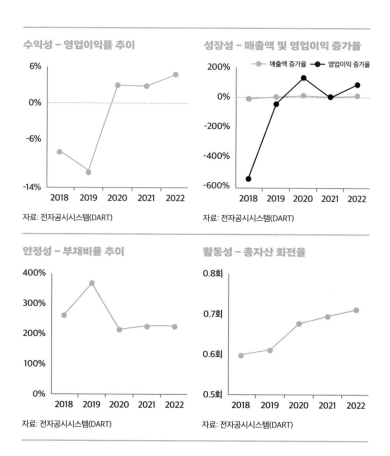

수익성 - 영업이익률 추이

자료: 전자공시시스템(DART)

성장성 - 매출액 및 영업이익 증가율

매출액 증가율　　영업이익 증가율

자료: 전자공시시스템(DART)

안정성 - 부채비율 추이

자료: 전자공시시스템(DART)

활동성 - 총자산 회전율

자료: 전자공시시스템(DART)

효성화학

A298000

(23.06.30 기준)

시가총액	2,992억 원	상장된 시장	코스피
주가	93,800원	산업 및 섹터	소재
액면가	5,000원	세부 섹터	화학
대표자	이건종	본점 소재지	서울특별시 서초구
최대주주	(주)효성 외	상장주식 수	3,190,126주
최대주주 지분율	44.6%	PER / PBR	-0.7배 / 9.7배

프로판Propane으로부터 프로필렌Propylene을 생산하는 과정에서 반드시 거치게 되는 PDHPropane De-Hydrogenation 공정을 보유하고 있다. 국내에서 가장 많은 부생수소가 발생하는 화학 공정 중 하나로, 계열사와 함께 부생수소를 액화시켜 공급하는 액화수소 인프라를 구축 중이다. 추후 동남아시아 등 해외 공장 증설 과정에서 더 많은 부생수소를 확보할 수 있을 것으로 보인다.

애널리스트의 시선

가장 대표적인 부생수소 생산 기업이다. PDH 공정은 프로필렌을 만드는 데 반드시 필요한 공정이다. 우리나라에서는 효성화학과 SK어드밴스드가 이러한 공정을 보유하고 있다. 본연의 사업을 영위하는 과정에서 필연적으로 발생했던 수소가 이제는 꼭 필요한 에너지 매개체로 변화하면서 황금알이 된 것이다. 본업인 석유화학 사업에서는 글로벌 수요 부진으로 인해 잠시 주춤하는 듯한 모습을 보였지만, 2023년 액화수소 공장 등이 모두 완공된 이후에는 본격적인 친환경 사업 행보에 나설 것으로 기대된다.

최근 5년간 주가 흐름
(단위: 원)

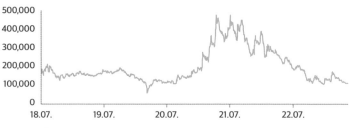

자료: 한국거래소

주요 제품별 매출 비중(2022Y 기준)

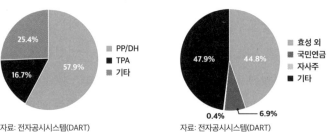

- PP/DH
- TPA
- 기타

자료: 전자공시시스템(DART)

주주 구성(2022Y 기준)

- 효성 외
- 국민연금
- 자사주
- 기타

자료: 전자공시시스템(DART)

Financial Summary

(단위: 억 원, %, 원)

구분	2018	2019	2020	2021	2022
매출액	11,168	18,125	18,172	25,200	28,786
영업이익	650	1,539	609	1,366	-3,367
영업이익률(%)	5.8	8.5	3.4	5.4	-11.7
EBITDA	1,381	3,037	2,237	3,290	-608
순이익	204	878	-116	584	-4,089
EPS(원)	11,059	27,530	-3,641	18,311	-128,166
자본총계	3,673	4,547	4,024	4,893	1,146
부채총계	12,860	16,088	20,150	25,548	30,165
자산총계	16,533	20,635	24,174	30,441	31,311
BPS(원)	115,567	143,089	126,614	153,975	36,068

자료: 한국거래소, 전자공시시스템(DART)

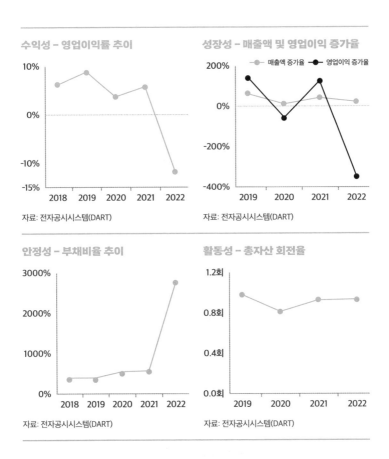

수익성 – 영업이익률 추이

자료: 전자공시시스템(DART)

성장성 – 매출액 및 영업이익 증가율

자료: 전자공시시스템(DART)

안정성 – 부채비율 추이

자료: 전자공시시스템(DART)

활동성 – 총자산 회전율

자료: 전자공시시스템(DART)

이엠코리아

A095190

(23.06.30 기준)

시가총액	1,156억 원	상장된 시장	코스닥
주가	2,715원	산업 및 섹터	산업재
액면가	500원	세부 섹터	기계
대표자	강삼수	본점 소재지	경상남도 함안군
최대주주	강삼수 외	상장주식 수	42,581,037주
최대주주 지분율	18.4%	PER / PBR	-12.5배 / 1.5배

자회사 이엠솔루션을 통해 수전해 설비 및 수소충전소 구축 사업을 영위한다. 우리나라 초기 수소충전소 인프라 확대 과정에서 높은 점유율을 기록했으며, 2018 평창 동계올림픽 당시 운영되던 수소충전소를 구축한 사례가 있다. 해군기지 등에 수전해 설비를 납품한 경험이 있으며, 차세대 알칼라인 수전해AEC 설비 등을 개발 중이다.

애널리스트의 시선

본업의 회복과 자회사의 가치 재평가를 기대해볼 수 있다. 이엠코리아의 본업은 공작기계 및 방산 부품 생산이다. 최근 우리나라 방산 물자 수출이 증가하면서 관련 부품들까지 낙수효과가 나타나고 있다. 그동안 본업의 부진과 적자 기조의 자회사로 인해 실적이 부진했다면, 이제는 본업이 성장을 시작하면서 자회사의 친환경 사업이 부각될 수 있는 좋은 기회를 맞이했다. 국내 유일 수전해 설비 실전 배치에 성공한 바 있고, 수소충전소 구축 경험도 풍부하다. 연관 기업들이 투자를 검토해볼 가능성도 충분하다.

최근 5년간 주가 흐름

(단위: 원)

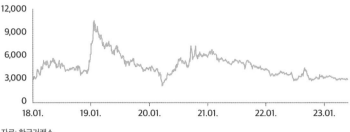

자료: 한국거래소

주요 제품별 매출 비중(2022Y 기준)

- 6.8%
- 2.5%
- 5.7%
- 34.4%
- 50.6%

■ 공작
■ 방산/항공
■ 발전/ITER
□ 에너지
■ 기타

자료: 전자공시시스템(DART)

주주 구성(2022Y 기준)

- 12.4%
- 87.6%

■ 강삼수
■ 기타

자료: 전자공시시스템(DART)

Financial Summary

(단위: 억 원, %, 원)

구분	2018	2019	2020	2021	2022
매출액	1,075	800	768	980	955
영업이익	-13	-115	-32	-10	-23
영업이익률(%)	-1.2	-14.4	-4.2	-1.0	-2.4
EBITDA	60	-85	109	59	-3
순이익	-27	-160	-24	-30	-95
EPS(원)	-67	-439	-65	-71	-222
자본총계	871	754	831	888	804
부채총계	949	1,097	1,027	932	929
자산총계	1,819	1,851	1,858	1,821	1,733
BPS(원)	2,395	2,076	2,082	2,086	1,889

자료: 한국거래소, 전자공시시스템(DART)

수익성 – 영업이익률 추이

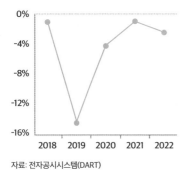

자료: 전자공시시스템(DART)

성장성 – 매출액 및 영업이익 증가율

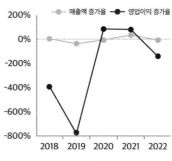

자료: 전자공시시스템(DART)

안정성 – 부채비율 추이

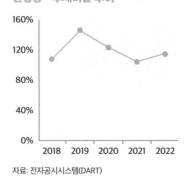

자료: 전자공시시스템(DART)

활동성 – 총자산 회전율

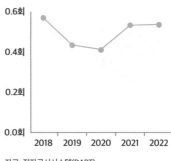

자료: 전자공시시스템(DART)

글로벌 머니가 몰리는 곳,
해외 기업

블룸 에너지
Bloom Energy, BE

(23.06.30 기준)

시가총액	34억 달러	상장된 시장	뉴욕거래소
주가	16.4달러	산업 및 섹터	산업재Industrials
최초 상장일	2018년 7월 25일	세부 섹터	전자장비Electrical Equipment
본점 소재지	산호세, 미국	대표자	케이알 스리다르
홈페이지	bloomenergy.com	상장주식 수	208,540,057주

고체산화물 연료전지SOFC 기술을 보유하고 있다. SOFC는 여타 연료전지 대비 가장 효율이 높은 것으로 알려져 있다. 2001년 설립 이후 독자적인 기술로 SOFC 개발에 성공했으며, 세계에서 가장 많은 SOFC 발전 사이트 구축 사례를 보유한 기업이다. 모듈 형태로 구성되어 수백 kW에서 MW 단위까지 다양한 구성과 조합을 통해 분산 발전이 가능하다는 장점이 있다.

애널리스트의 시선

차세대 연료전지로 손꼽히는 SOFC 부문에서 가장 앞서 있다는 평가를 받고 있다. 국내에서는 SK에코플랜트와 설립한 합작회사를 통해 연료전지 발전 사업에 참여 중이다. 오늘날 SOFC 시장에서 가장 중요한 것은 얼마나 안정적으로 연료전지를 가동할 수 있는지에 대한 경험치다. 따라서 SOFC 구축 실적에서 세계에서 가장 앞서 있는 블룸에너지가 충분히 시장 선점 효과를 누릴 수 있을 것으로 기대된다. 2022년 4분기를 기점으로 영업이익도 돌아서는 모습을 보이고 있다는 점이 고무적이다.

최근 5년간 주가 흐름

(단위: 달러)

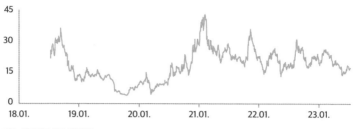

자료: 블룸버그, 야후 파이낸스

주요 제품별 매출 비중(2022Y 기준)

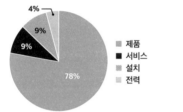

- ■ 제품
- ■ 서비스
- ■ 설치
- ■ 전력

자료: 블룸버그, 야후 파이낸스

주주 구성(2022Y 기준)

- ■ 블랙록
- ■ 아메리프라이즈 파이낸셜
- ■ 방가드 그룹
- ■ 클리어브릿지 인베스트먼트
- ■ 기타

자료: 블룸버그, 야후 파이낸스

Financial Summary

(단위: 억 달러, %, 달러)

구분	2018	2019	2020	2021	2022
매출액	6	8	8	10	12
영업이익	-2	-2	-1	-1	-3
영업이익률(%)	-26.1	-29.7	-11.8	-11.8	-22.5
EBITDA	-1	-1	0	-1	-2
순이익	-3	-3	-2	-2	-3
EPS(달러)	-2.50	-2.67	-1.14	-0.95	-1.62
자본총계	0	-2	1	2	4
부채총계	15	15	13	15	16
자산총계	15	13	15	17	19
BPS(달러)	-1.30	-2.10	0.50	0.90	1.70

자료: 블룸버그, 야후 파이낸스

수익성 - 영업이익률 추이

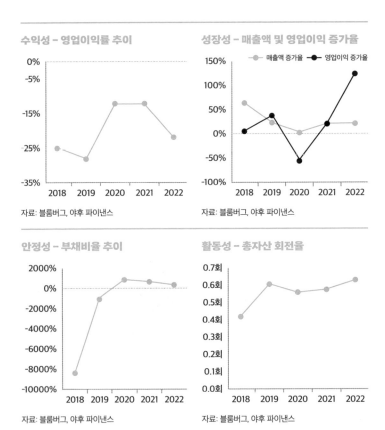

자료: 블룸버그, 야후 파이낸스

성장성 - 매출액 및 영업이익 증가율

자료: 블룸버그, 야후 파이낸스

안정성 - 부채비율 추이

자료: 블룸버그, 야후 파이낸스

활동성 - 총자산 회전율

자료: 블룸버그, 야후 파이낸스

퓨얼셀 에너지
Fuelcell Energy, FCEL

(23.06.30 기준)

시가총액	9억 달러	상장된 시장	나스닥
주가	2.2달러	산업 및 섹터	산업재
최초 상장일	1992년 6월 25일	세부 섹터	전자장비
본점 소재지	댄버리, 미국	대표자	제이슨 퓨
홈페이지	fuelcellenergy.com	상장주식 수	406,760,629주

용융탄산염 연료전지MCFC 기술을 보유하고 있다. PAFC 연료전지 이후 차세대 연료전지 모델로 각광받으면서 국내 연료전지 발전 시장에도 진출한 바 있으나, 기술적 안정성 및 유지보수 문제가 대두되며 한 걸음 물러서 있다는 평가를 받았다. 하지만 2022년을 기점으로 업그레이드된 MCFC 모델을 선보이면서 여타 경쟁 모델들의 장점을 결합한 틈새시장 공략에 적극적으로 나서는 중이다.

애널리스트의 시선

수소와 산소의 화학적 결합 과정에서 발생하는 전기를 사용하는 것이 연료전지의 특성인데, 이때 추가적으로 발생하는 열에너지를 어떻게 활용하는지에 따라 복합 효율이 결정된다. MCFC를 구성하는 소재의 특성상 여타 연료전지 모델보다 상대적으로 크기가 크다는 단점이 있지만, 발전 및 열 복합 효율이 높다는 점에서 나름의 시장을 형성할 가능성이 크다. 논란이 되었던 내구성 및 유지보수 문제도 충분히 해결한 것으로 보인다. 2022년을 기점으로 매출 규모가 확대되면서 규모의 경제를 이루기 위한 노력을 기울이고 있다.

최근 5년간 주가 흐름

(단위: 달러)

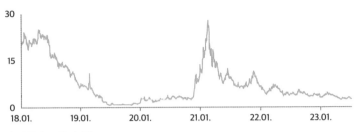

자료: 블룸버그, 야후 파이낸스

주요 제품별 매출 비중(2022Y 기준)

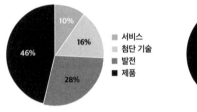

- 서비스 10%
- 첨단 기술 16%
- 발전 28%
- 제품 46%

자료: 블룸버그, 야후 파이낸스

주주 구성(2022Y 기준)

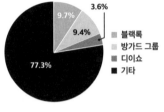

- 블랙록 9.7%
- 방가드 그룹 9.4%
- 디이쇼 3.6%
- 기타 77.3%

자료: 블룸버그, 야후 파이낸스

Financial Summary

(단위: 억 달러, %, 달러)

구분	2018	2019	2020	2021	2022
매출액	1	1	1	1	1
영업이익	0	-1	0	-1	-1
영업이익률(%)	-50.6	-109.8	-52.1	-110.0	-110.8
EBITDA	0	0	0	0	-1
순이익	0	-1	-1	-1	-1
EPS(달러)	-9.01	-1.82	-0.42	-0.31	-0.38
자본총계	2	1	3	7	8
부채총계	2	2	3	2	2
자산총계	3	3	5	9	9
BPS(달러)	22.20	0.70	0.90	1.90	1.80

자료: 블룸버그, 야후 파이낸스

수익성 – 영업이익률 추이

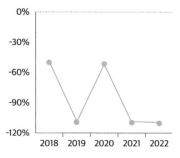

자료: 블룸버그, 야후 파이낸스

성장성 – 매출액 및 영업이익 증가율

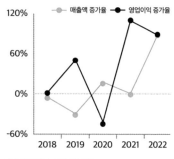

자료: 블룸버그, 야후 파이낸스

안정성 – 부채비율 추이

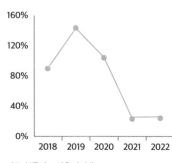

자료: 블룸버그, 야후 파이낸스

활동성 – 총자산 회전율

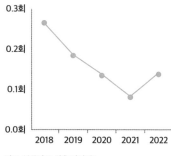

자료: 블룸버그, 야후 파이낸스

발라드 파워 시스템즈
Ballard Power Systems, BLDP

(23.06.30 기준)

시가총액	13억 달러	상장된 시장	나스닥
주가	4.4달러	산업 및 섹터	산업재
최초 상장일	1995년 11월 8일	세부 섹터	산업용 특수 기계 Specialty Industrial Machinery
본점 소재지	버너비, 캐나다	대표자	랜디 맥이웬
홈페이지	ballard.com	상장주식 수	298,685,476주

PEMFC 기술을 보유하고 있다. PEMFC는 소형화가 가능하고 작동이 용이하다는 장점이 있어 건물용 및 모빌리티용으로 주로 활용된다. 유럽, 아시아 등 글로벌 시장 및 글로벌 고객을 대상으로 PEMFC 연료전지를 납품 중이다. 항공우주용 연료전지 개발이 모태였던 만큼 버스, 선박 등 수소 모빌리티 생태계 확대에 적극적으로 참여 중이다.

애널리스트의 시선

발라드 파워 시스템즈의 가장 큰 강점은 다양한 글로벌 기업들과 협업 사례가 많다는 것이다. 독일, 인도, 미국 등을 중심으로 열차, 버스, 트럭, 파워팩과 같이 PEMFC 활용도가 높은 분야에서의 협업에 적극적으로 참여 중이다. 아직 글로벌 수소 모빌리티 시장이 충분히 개화한 상황은 아니지만, PEMFC 모듈을 활용한 다양한 시도가 이어지고 있다는 점이 중요하다. 이 과정에서 충분히 검증된 연료전지만 선택받을 가능성이 크기 때문에 각 분야에서의 양산 공급이 시작될 경우 큰 폭의 매출 신장을 기대할 수 있다.

최근 5년간 주가 흐름

(단위: 달러)

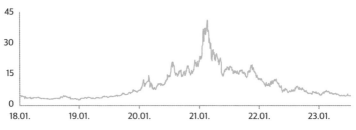

자료: 블룸버그, 야후 파이낸스

주요 제품별 매출 비중(2022Y 기준)

주주 구성(2022Y 기준)

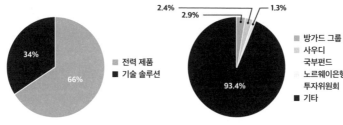

34%
66%

■ 전력 제품
■ 기술 솔루션

2.4%
2.9%
1.3%
93.4%

■ 방가드 그룹
■ 사우디
  국부펀드
□ 노르웨이은행
  투자위원회
■ 기타

자료: 블룸버그, 야후 파이낸스

자료: 블룸버그, 야후 파이낸스

Financial Summary

(단위: 억 달러, %, 달러)

구분	2018	2019	2020	2021	2022
매출액	1	1	1	1	1
영업이익	0	0	0	-1	-2
영업이익률(%)	-21.6	-23.6	-38.5	-83.8	-204.8
EBITDA	0	0	0	-1	-1
순이익	0	0	-1	-1	-2
EPS(달러)	-0.15	-0.17	-0.21	-0.39	-0.58
자본총계	3	3	9	13	12
부채총계	1	1	1	1	1
자산총계	3	3	10	14	12
BPS(달러)	1.20	1.10	3.20	4.50	3.90

자료: 블룸버그, 야후 파이낸스

4장
수소경제를 주도하는 핵심 기업 분석

수익성 – 영업이익률 추이

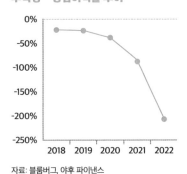

자료: 블룸버그, 야후 파이낸스

성장성 – 매출액 및 영업이익 증가율

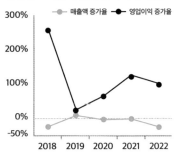

자료: 블룸버그, 야후 파이낸스

안정성 – 부채비율 추이

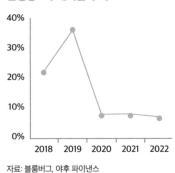

자료: 블룸버그, 야후 파이낸스

활동성 – 총자산 회전율

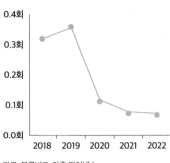

자료: 블룸버그, 야후 파이낸스

플러그 파워
Plug Power, PLUG

(23.06.30 기준)

시가총액	62억 달러	상장된 시장	나스닥
주가	10.4달러	산업 및 섹터	산업재
최초 상장일	1999년 10월 29일	세부 섹터	전자장비
본점 소재지	래섬, 미국	대표자	앤드류 마시
홈페이지	plugpower.com	상장주식 수	600,539,746주

PEMFC 기술을 보유하고 있다. 모빌리티용으로 적합한 PEMFC의 특성을 살려 상용 부문에서의 점유율을 확대 중이다. 특히 물류센터 및 공장 등에서 활용되는 지게차 디젤엔진을 PEMFC로 전환하는 수소연료전지 지게차 사업을 영위 중인 것으로 잘 알려져 있다. PEMFC 연료전지 기술을 활용한 고분자전해질 수전해PEMEC 기술 개발 등에 적극 참여하고 있다.

애널리스트의 시선

수소연료전지를 활용한 지게차의 보급으로 알려졌지만, 수소연료전지와 관련된 종합 솔루션을 제공할 수 있는 업체라는 경쟁력을 갖추고 있다. 미국 내 수력 등 신재생에너지를 활용하여 그린수소를 생산하고, 이를 저장 및 운송한 후 발전까지 이어지는 밸류체인을 모두 보유하고 있다는 점이 강점이다. 우리나라에서는 SK그룹과의 협력을 통해 글로벌 시장 확대를 추진 중이다. 플러그 파워가 주력하는 PEMFC는 간편한 파워팩 형태로의 구성이 용이하다는 점에서 적용 영역이 빠르게 늘어날 가능성이 가장 높다.

최근 5년간 주가 흐름

(단위: 달러)

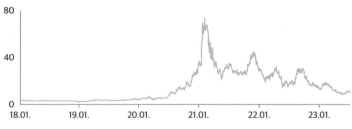

자료: 블룸버그, 야후 파이낸스

주요 제품별 매출 비중(2022Y 기준)

56% 44%

- 애플리케이션
- 에너지

자료: 블룸버그, 야후 파이낸스

주주 구성(2022Y 기준)

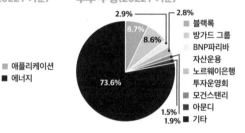

2.9% 2.8%
8.7% 8.6%
73.6%
1.5%
1.9%

- 블랙록
- 방가드 그룹
- BNP파리바 자산운용
- 노르웨이은행 투자운영회
- 모건스탠리
- 아문디
- 기타

자료: 블룸버그, 야후 파이낸스

Financial Summary

(단위: 억 달러, %, 달러)

구분	2018	2019	2020	2021	2022
매출액	2	2	3	5	7
영업이익	-1	0	-6	-4	-7
영업이익률(%)	-43.7	-20.9	-185.3	-87.1	-97.1
EBITDA	-1	0	-2	-4	-6
순이익	-1	-1	-6	-5	-7
EPS(달러)	-0.39	-0.36	-1.68	-0.82	-1.25
자본총계	0	1	15	46	41
부채총계	4	5	8	13	17
자산총계	4	7	23	60	58
BPS(달러)	0.20	0.40	3.20	8.00	6.90

자료: 블룸버그, 야후 파이낸스

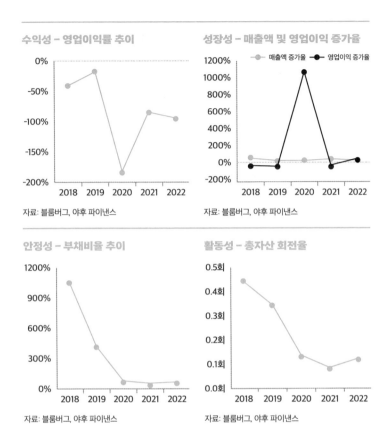

수익성 - 영업이익률 추이

자료: 블룸버그, 야후 파이낸스

성장성 - 매출액 및 영업이익 증가율

매출액 증가율   영업이익 증가율

자료: 블룸버그, 야후 파이낸스

안정성 - 부채비율 추이

자료: 블룸버그, 야후 파이낸스

활동성 - 총자산 회전율

자료: 블룸버그, 야후 파이낸스

린데
Linde PLC, LIN

(23.06.30 기준)

시가총액	1,866억 달러	상장된 시장	뉴욕거래소
주가	381.1달러	산업 및 섹터	원자재Basic Materials
최초 상장일	2018년 10월 31일	세부 섹터	특수 화학 제품Specialty Chemicals
본점 소재지	워킹, 영국	대표자	산지브 람바
홈페이지	linde.com	상장주식 수	489,597,392주

글로벌 화학 기업으로 알려져 있는 린데는 산업용 가스 시장에서 높은 점유율을 차지하고 있다. 고순도의 질소, 이산화탄소, 헬륨, 수소 등을 비롯하여 희귀가스 공급 등을 담당한다. 가스를 주로 다루는 화학산업의 특성상 수소의 생산 및 보관, 운송 등에서 앞선 기술을 보유한 것으로 평가받는다. 세계에서 가장 많은 양의 액화수소를 생산하는 기업 중 하나다.

애널리스트의 시선

수소 산업에 산업용 가스를 다루는 기술력과 노하우를 집중적으로 확대 적용 중이다. 우리나라에서는 효성그룹과 함께 세계 최대 규모의 액화수소 공장을 건설 중이며, 완공 및 가동을 목전에 둔 상황이다. 세계에서 가장 앞선 액화수소 저장 및 운송 전문 기업으로 등극할 가능성이 매우 높다. 기체수소 대비 훨씬 더 많은 양의 에너지를 저장할 수 있는 액화수소는 고도화된 보관 및 관리 기술이 필요하기 때문에 높은 진입장벽이 있다는 점도 린데에는 긍정적 요인이다.

최근 5년간 주가 흐름

(단위: 달러)

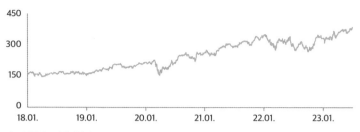

자료: 블룸버그, 야후 파이낸스

주요 제품별 매출 비중(2022Y 기준)

- 가스 포장 운반
- 가스 용기 운반
- 직접 생산 공급
- 기타

자료: 블룸버그, 야후 파이낸스

주주 구성(2022Y 기준)

- 방가드 그룹
- 블랙록
- 스테이트 스트리트
- 기타

자료: 블룸버그, 야후 파이낸스

Financial Summary

(단위: 억 달러, %, 달러)

구분	2018	2019	2020	2021	2022
매출액	148	282	272	308	334
영업이익	52	29	33	50	54
영업이익률(%)	35.4	10.4	12.2	16.2	16.1
EBITDA	41	81	89	102	121
순이익	44	24	26	40	43
EPS(달러)	13.26	4.22	4.75	7.40	8.30
자본총계	571	515	496	454	414
부채총계	363	350	386	362	383
자산총계	934	866	882	816	797
BPS(달러)	82.20	81.90	74.00	76.10	76.00

자료: 블룸버그, 야후 파이낸스

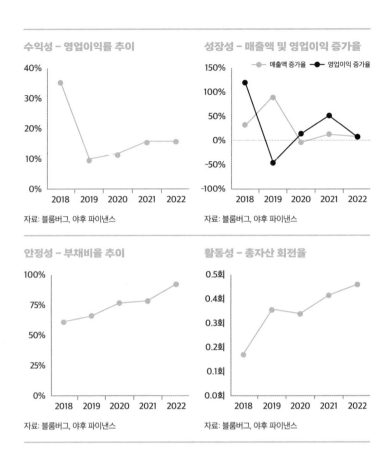

수익성 – 영업이익률 추이

자료: 블룸버그, 야후 파이낸스

성장성 – 매출액 및 영업이익 증가율

매출액 증가율 ● 영업이익 증가율

자료: 블룸버그, 야후 파이낸스

안정성 – 부채비율 추이

자료: 블룸버그, 야후 파이낸스

활동성 – 총자산 회전율

자료: 블룸버그, 야후 파이낸스

넬
Nel ASA, NEL

(23.06.30 기준)

시가총액	210억 노르웨이 크로네	상장된 시장	오슬로 증권거래소
주가	12.6노르웨이 크로네	산업 및 섹터	산업재
최초 상장일	2000년 6월 19일	세부 섹터	산업용 특수 기계
본점 소재지	오슬로, 노르웨이	대표자	호콘 볼달
홈페이지	nelhydrogen.com	상장주식 수	1,671,325,304주

신재생에너지와 연계한 수소 생산 및 저장, 유통 솔루션을 보유한 기업이다. 신재생에너지로부터 생산된 전기를 활용하는 만큼 수전해 기술을 보유 중이며, 미국과 유럽 등 에너지 선진국에 수전해 설비 생산 공장을 보유하고 있다. 알칼라인 수전해AEC, 고분자전해질 수전해PEMEC 기술을 보유 중이며, 수전해와 연계한 온사이트On-Site 수소충전소 등 사업 영역을 확대 중이다.

애널리스트의 시선

북유럽의 풍부한 해상풍력 자원을 활용하여 그린수소를 생산하는 수전해 설비 수요는 꾸준하게 증가하고 있다. 특히 넬은 AEC 및 PEMEC 수전해 기술을 모두 보유 중인데 유럽에서는 AEC를, 미국에서는 PEMEC를 중심으로 시장 영역을 넓히고 있다. 수전해 설비의 대량 생산을 통해 단가를 낮추고, 궁극적으로는 그린수소 생산 가격 절감을 목표로 하고 있다. 수소 선진국으로 손꼽히는 미국과 유럽 등지에 직접 생산 공장을 보유하고 있다는 점에서 가격 경쟁력을 갖출 가능성이 높다.

최근 5년간 주가 흐름

(단위: 노르웨이 크로네)

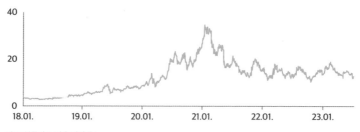

자료: 블룸버그, 야후 파이낸스

주요 제품별 매출 비중(2022Y 기준)

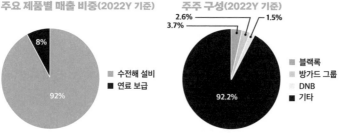

- 수전해 설비
- 연료 보급

자료: 블룸버그, 야후 파이낸스

주주 구성(2022Y 기준)

- 블랙록
- 뱅가드 그룹
- DNB
- 기타

자료: 블룸버그, 야후 파이낸스

Financial Summary

(단위: 억 노르웨이 크로네, %, 노르웨이 크로네)

구분	2018	2019	2020	2021	2022
매출액	5	6	7	8	10
영업이익	-2	-3	-4	-6	-13
영업이익률(%)	-40.1	-44.2	-62.6	-73.1	-128.7
EBITDA	-1	-2	-2	-5	-8
순이익	-2	-3	13	-17	-12
EPS(크로네)	-0.18	-0.22	0.92	-1.14	-0.76
자본총계	16	18	55	50	55
부채총계	4	6	7	10	15
자산총계	19	24	61	60	70
BPS(크로네)	1.40	1.50	3.90	3.40	3.50

자료: 블룸버그, 야후 파이낸스

수익성 – 영업이익률 추이

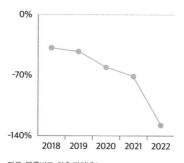

자료: 블룸버그, 야후 파이낸스

성장성 – 매출액 및 영업이익 증가율

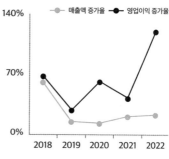

자료: 블룸버그, 야후 파이낸스

안정성 – 부채비율 추이

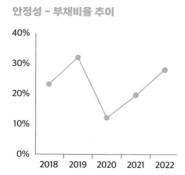

자료: 블룸버그, 야후 파이낸스

활동성 – 총자산 회전율

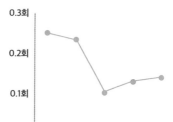

자료: 블룸버그, 야후 파이낸스

에어리퀴드
Air Liquide, AIRP

(23.06.30 기준)

시가총액	860억 유로	상장된 시장	유로넥스트 파리
주가	164.2유로	산업 및 섹터	원자재
최초 상장일	1985년 1월 7일	세부 섹터	특수 화학 제품
본점 소재지	파리, 프랑스	대표자	프랑소아 자코
홈페이지	airliquide.com	상장주식 수	523,745,183주

산업용, 의료용, 반도체용 등 특수가스를 전문적으로 다루는 기업이다. 질소, 수소 및 다양한 특수가스를 생산하고 저장·운반하는 사업을 영위 중이다. 99.999%의 고순도 수소를 생산하여 파이프라인 및 튜브트레일러 등을 활용하여 사용처에 공급한다. 글로벌 수소 모빌리티 기업과 수소 공급 계약 등을 체결했으며, 국내 대기업과의 합작회사 설립, 중국 시장 진출 등을 추진 중이다.

애널리스트의 시선

우리나라에서는 롯데 그룹과 액화수소 및 암모니아 분해 등에서의 협력을 추진 중이다. 중국 시장 진출에 가장 적극인 글로벌 기업이라는 점이 특징적이다. 이미 의료용 및 반도체용 등 특수가스를 통해 중국 시장에서 자리를 잡았지만, 중국 내에서의 수소 생산 및 공급 전문 기업으로 자리매김하기 위한 투자를 확대 중이다. 중국은 세계 최대 수소 생산 국가이자 소비 국가가 될 가능성이 높다. 이미 중국 내 120여 개에 달하는 공장을 보유하고 있는 만큼 중국 시장 내에서 우위를 점유할 가능성이 높다.

최근 5년간 주가 흐름

(단위: 유로)

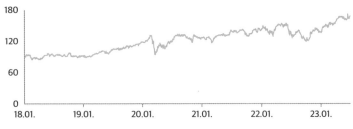

자료: 블룸버그, 야후 파이낸스

주요 제품별 매출 비중(2022Y 기준)

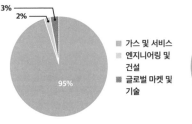

- 3%
- 2%
- 95%

■ 가스 및 서비스
■ 엔지니어링 및 건설
■ 글로벌 마켓 및 기술

자료: 블룸버그, 야후 파이낸스

주주 구성(2022Y 기준)

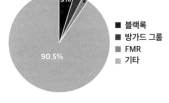

- 2.7%
- 5%
- 1.8%
- 90.5%

■ 블랙록
■ 방가드 그룹
■ FMR
■ 기타

자료: 블룸버그, 야후 파이낸스

Financial Summary

(단위: 억 유로, %, 유로)

구분	2018	2019	2020	2021	2022
매출액	210	219	205	233	299
영업이익	33	36	37	40	43
영업이익률(%)	15.7	16.5	17.8	17.2	14.3
EBITDA	52	59	59	63	73
순이익	22	23	25	27	29
EPS(유로)	4.10	4.30	4.70	4.90	5.30
자본총계	182	193	190	220	246
부채총계	238	244	230	248	250
자산총계	420	437	420	468	495
BPS(유로)	34.30	36.40	35.70	41.20	45.50

자료: 블룸버그, 야후 파이낸스

수익성 – 영업이익률 추이

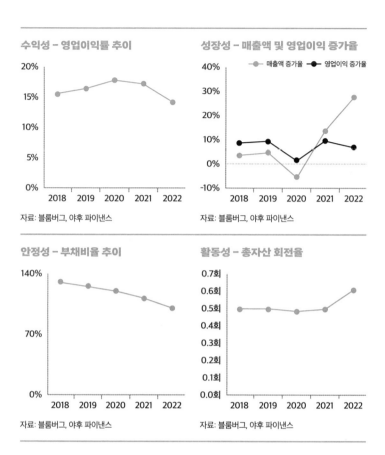

자료: 블룸버그, 야후 파이낸스

성장성 – 매출액 및 영업이익 증가율

— 매출액 증가율 — 영업이익 증가율

자료: 블룸버그, 야후 파이낸스

안정성 – 부채비율 추이

자료: 블룸버그, 야후 파이낸스

활동성 – 총자산 회전율

자료: 블룸버그, 야후 파이낸스

ITM 파워
ITM Power, ITM

(23.06.30 기준)

시가총액	4억 5,330만 파운드	상장된 시장	런던 증권거래소
주가	73.56파운드	산업 및 섹터	산업재
최초 상장일	2004년 6월 18일	세부 섹터	산업용 특수 기계
본점 소재지	셰필드, 영국	대표자	데니스 슐츠
홈페이지	itm-power.com	상장주식 수	616,158,155주

PEMEC 수전해 기술을 보유한 기업이다. PEMEC는 상대적으로 설비 크기는 작지만 효율이 높다는 장점이 있어 차세대 수전해 설비의 주류로 자리매김할 것으로 평가받는다. 유럽을 중심으로 대규모 수전해 설비 공급을 담당하고 있으며, 북해 풍력 발전단지와 연계한 그린수소 생산에 참여하고 있다. 글로벌 신재생에너지 및 화학(가스) 업체들과 협력을 통해 시장 영역을 확대 중이다.

애널리스트의 시선

세계에서 가장 큰 규모의 PEMEC 공장을 보유 중이다. 수전해의 단점 중 하나는 상대적으로 비용이 비싸다는 것인데, ITM 파워는 규모의 경제를 달성함으로써 수전해 설비 생산 비용을 낮추는 데 성공했다. 북유럽 북해 해상풍력 발전을 활용한 그린수소 생산에 PEMEC 수전해 설비를 납품했고, 최근에는 일본 등 유럽 외 지역으로 사업 영역을 확대 중이다. 수소 사업을 영위하는 글로벌 기업 중 수전해라는 사업 아이템으로 가장 먼저 경제성을 갖춘 기업이 될 가능성이 높다.

4장
수소경제를 주도하는 핵심 기업 분석   215

최근 5년간 주가 흐름

(단위: 파운드)

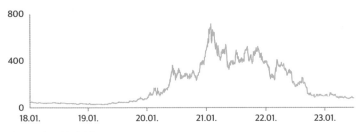

자료: 블룸버그, 야후 파이낸스

주요 제품별 매출 비중(2022Y 기준)

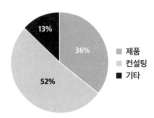

- 제품
- 컨설팅
- 기타

13%
36%
52%

자료: 블룸버그, 야후 파이낸스

주주 구성(2022Y 기준)

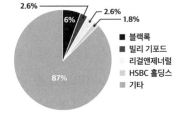

2.6%
2.6%
1.8%
6%
87%

- 블랙록
- 빌리 기포드
- 리걸앤제너럴
- HSBC 홀딩스
- 기타

자료: 블룸버그, 야후 파이낸스

Financial Summary

(단위: 백만 파운드, %, 파운드)

구분	2018	2019	2020	2021	2022
매출액	3	5	3	4	6
영업이익	-7	-9	-23	-25	-45
영업이익률(%)	-233.3	-180.0	-766.7	-625.0	-750.0
EBITDA	-5	-7	-21	-22	-42
순이익	-6	-9	-30	-28	-47
EPS(파운드)	-0.02	-0.03	-0.07	-0.06	-0.08
자본총계	36	26	56	197	395
부채총계	9	19	27	32	63
자산총계	44	45	83	229	458
BPS(파운드)	0.07	0.07	0.13	0.37	0.74

자료: 블룸버그, 야후 파이낸스

수익성 – 영업이익률 추이

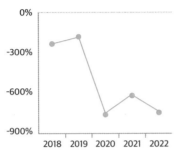

자료: 블룸버그, 야후 파이낸스

성장성 – 매출액 및 영업이익 증가율

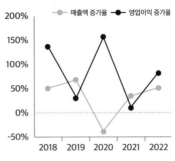

자료: 블룸버그, 야후 파이낸스

안정성 – 부채비율 추이

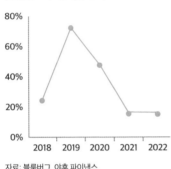

자료: 블룸버그, 야후 파이낸스

활동성 – 총자산 회전율

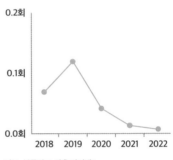

자료: 블룸버그, 야후 파이낸스

헥사곤 푸루스
Hexagon Purus ASA, HPUR

(23.06.30 기준)

시가총액	54억 노르웨이 크로네	상장된 시장	오슬로 증권거래소
주가	19.8노르웨이 크로네	산업 및 섹터	산업재
최초 상장일	2020년 1월 15일	세부 섹터	산업 유통Industrial Distribution
본점 소재지	올레순, 노르웨이	대표자	존 에릭 엥게세트
홈페이지	hexagonpurus.com	상장주식 수	276,797,456주

고압 수소저장용기 기술을 보유한 저장·운송 솔루션 전문 기업이다. 탄소섬유를 활용한 타입4(알루미늄 용기+탄소섬유 전체 보강) 형태의 수소저장용기 생산 기술을 보유 중이며, 글로벌 모빌리티 및 완성차 업체들과 협력을 확대하고 있다. 미국 내 타입4 수소저장용기 생산 공장을 보유 중이며, 중국 내 타입3(플라스틱 용기+탄소섬유 전체 보강) 수소저장용기 시장에도 진출했다. 액체수소 저장 시장에도 진출하기 위해 관련 기술을 보유한 기업들을 대상으로 지분 투자도 확대하고 있다.

애널리스트의 시선

탄소섬유를 활용하여 타입4 저장용기를 제작할 수 있는 기업은 세계적으로 소수에 불과하다. 특히 저장용기를 만들더라도, 실제 모빌리티 등에 적용하여 안정성을 평가받는 데 많은 시간이 필요하기에 후발 주자가 선뜻 나서기 어렵다. 현재는 수소차를 생산 및 판매하는 완성차 업체가 소수이지만, 수소라는 폼팩터를 활용한 새로운 무공해차를 출시하려는 글로벌 완성차 업체들의 움직임이 조금씩 나타나고 있기에 고압 수소저장용기 수요도 동반 증가할 가능성이 높다.

최근 5년간 주가 흐름

(단위: 노르웨이 크로네)

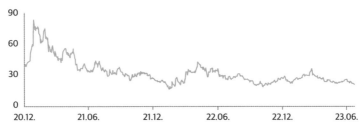

자료: 블룸버그, 야후 파이낸스

주요 제품별 매출 비중(2022Y 기준)

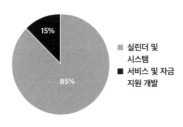

15%
85%

■ 실린더 및
  시스템
■ 서비스 및 자금
  지원 개발

자료: 블룸버그, 야후 파이낸스

주주 구성(2022Y 기준)

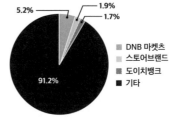

5.2%
1.9%
1.7%
91.2%

■ DNB 마켓츠
■ 스토어브랜드
■ 도이치뱅크
■ 기타

자료: 블룸버그, 야후 파이낸스

Financial Summary

(단위: 백만 노르웨이 크로네, %, 노르웨이 크로네)

구분	2020	2021	2022
매출액	178	506	959
영업이익	-168	-325	-501
영업이익률(%)	-94.4	-64.2	-52.2
EBITDA	-113	-272	-406
순이익	-343	-354	-432
EPS(크로네)	-1.50	-1.51	-1.67
자본총계	1,629	1,415	1,688
부채총계	466	686	967
자산총계	2,095	2,102	2,655
BPS(크로네)	7.57	7.59	9.59

자료: 블룸버그, 야후 파이낸스

수익성 – 영업이익률 추이

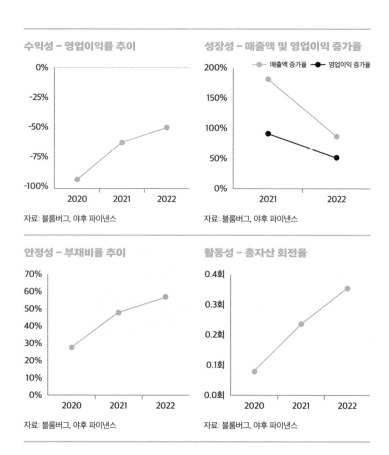

자료: 블룸버그, 야후 파이낸스

성장성 – 매출액 및 영업이익 증가율

매출액 증가율 영업이익 증가율

자료: 블룸버그, 야후 파이낸스

안정성 – 부채비율 추이

자료: 블룸버그, 야후 파이낸스

활동성 – 총자산 회전율

자료: 블룸버그, 야후 파이낸스

그린 하이드로젠 시스템즈
Green Hydrogen Systems, GREENH

(23.06.30 기준)

시가총액	16억 덴마크 크로네	상장된 시장	나스닥 코펜하겐
주가(23.06.30.기준)	8.38덴마크 크로네	산업 및 섹터	유틸리티Utilities
최초 상장일	2021년 10월 8일	세부 섹터	재생가능 유틸리티Utilities Renewable
본점 소재지	콜딩, 덴마크	대표자	세바스찬 콕스 앤더슨
홈페이지	greenhydrogen.dk	상장주식 수	187,733,902주

그린수소 생산에 필요한 수전해 설비 기술을 보유한 기업이다. AEC 수전해 기술을 중심으로 신재생에너지와 연계한 그린수소 생산 솔루션을 제공한다. 북유럽 지역 특성을 살려 풍력 발전과 연계한 수전해 설비를 공급 중이며, 유럽 내 다수의 대규모 P2X 프로젝트에 참여하고 있다. 표준화된 모듈식 수전해 설비를 공급함으로써 수전해 플랫폼 구축 비용 절감을 목표로 한다.

애널리스트의 시선

덴마크 코펜하겐 증시에 상장되어 있고 상대적으로 많이 알려지지 않은 기업이지만, 수소라는 매개체를 활용한 P2X 플랫폼 개발 및 구축 전문 기업이라는 점에 주목해야 한다. 현재 잉여 에너지원을 다른 형태로 바꾸어 저장하는 P2X 분야에서 수소가 가장 효율적인 매개체라는 평가를 받고 있다. 그린 하이드로젠 시스템즈는 AEC 수전해 기술을 기반으로 하지만, 그만큼 저렴한 비용으로 그린수소를 생산할 수 있다는 점에서 경쟁력이 있다. 글로벌 기업들과 협업이 증가하고 있다는 점에 주목할 수 있다.

최근 5년간 주가 흐름 (단위: 덴마크 크로네)

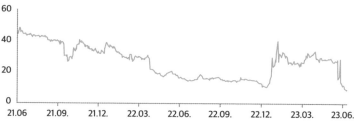

자료: 블룸버그, 야후 파이낸스

주요 제품별 매출 비중(2022Y 기준)

■ 고객 계약

100%

자료: 블룸버그, 야후 파이낸스

주주 구성(2022Y 기준)

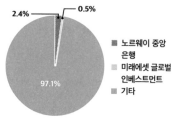

2.4% — 0.5%

97.1%

■ 노르웨이 중앙
  은행
■ 미래에셋 글로벌
  인베스트먼트
■ 기타

자료: 블룸버그, 야후 파이낸스

Financial Summary

(단위: 백만 덴마크 크로네, %, 덴마크 크로네)

구분	2020	2021	2022
매출액	9	5	10
영업이익	-54	-152	-283
영업이익률(%)	-600.0	-3040.0	-2830.0
EBITDA	-51	-137	-249
순이익	-73	-493	-282
EPS(크로네)	-0.63	-4.30	-1.87
자본총계	-4	1,172	862
부채총계	237	123	688
자산총계	233	1,295	1,550
BPS(크로네)	1.24	6.90	8.26

자료: 블룸버그, 야후 파이낸스

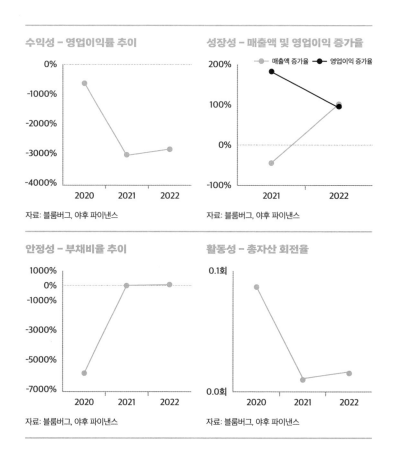

수익성 – 영업이익률 추이

자료: 블룸버그, 야후 파이낸스

성장성 – 매출액 및 영업이익 증가율

매출액 증가율   영업이익 증가율

자료: 블룸버그, 야후 파이낸스

안정성 – 부채비율 추이

자료: 블룸버그, 야후 파이낸스

활동성 – 총자산 회전율

자료: 블룸버그, 야후 파이낸스

위험을 분산하고 싶다면,
ETF

수소 관련 국내외 유망 상장 기업들을 직접 골고루 투자할 수 있으면 좋겠시만, 현실직인 제약 사항을 고려하다 보면 결국 한두 기업에 집중 투자하게 되는데, 이 경우 투자 위험 관리가 제대로 되지 않을 수 있다는 단점이 있다. 이를 보완하기 위해 등장한 것이 바로 ETF다. ETF는 거래소에 상장되어 있는 인덱스 펀드로, 투자자들이 간접투자의 일환으로 선택하는 펀드 투자를 복잡한 금융 상품 가입 방식으로 하는 것이 아니라, 주식처럼 쉽게 접근할 수 있도록 만든 투자 상품이다. 즉, 수소 관련 기업 한두 개를 특정 지어 투자하기 어렵거나, 투자 위험을 분산하고 싶지만 투자 금액이나 시간 등 주변 환경적 제약 사항이 있을 경우, 수소 관련 ETF에 투자하는 것이 훌륭한 대안이 될 수 있다.

하지만 ETF 투자 시에도 반드시 조심해야 할 부분이 있다. 주식처럼 편하게 거래되는 인덱스 '펀드'이다 보니 인기 ETF는 거래가 활발하게 발생하고, 그렇지 않은 ETF는 거래량 또는 거래금액이 부족한 경우가 많다. 물론 ETF는 이러한 유동성 문제를 막기 위해 별도의 유동성 공급자LP들이 존재한다. 하지만 상대적으로 관심도가 떨어지는 ETF의 경우 펀드 기준가격과 시장가격의 괴리가 자주 발생할 수 있으므로 반드시 시장가격(주가)보다는 기준가격의 변동을 확인하는 습관을 기르는 것이 좋다.

KBSTAR Fn수소경제테마

A367770

(23.06.30 기준)

시가총액	2,693억 원	운용사	KB자산운용
주가(23.06.30)	10,050원	ETF 분류	수익증권형
기준가(23.06.30)	9,910원	시장분류	국내/거래소+코스닥
발행주식 수	27,250,000주	자산분류	주식/섹터
거래량(20일 평균)	56,813주	테마분류	국내주식
거래대금(20일 평균)	573백만 원	벤치마크	FnGuide수소경제테마지수

우리나라에서 수소를 주제로 하는 가장 대표적인 ETF다. 시가총액 규모도 가장 크고, 상대적으로 거래도 가장 활발하게 이루어진다. 여타 수소 관련 ETF의 경우 순수 수소 관련 기업으로만 종목을 구성하기보다는 친환경 관련 사업을 영위하는 기업들을 포함하여 친환경이라는 주제로 ETF를 구성하는 경우가 많다. 수소의 생산과 공급, 활용까지 수소 산업 내 밸류체인 전반을 아우를 수 있는 관련 기업들로 구성이 되어 있어 가장 상징성이 큰 ETF라고 평가할 수 있다. 친환경 산업 중에서도 수소 산업에만 집중적으로 투자하기 원하는 투자자들에게 가장 적합한 선택이 될 것이다.

최근 5년간 주가 흐름 (단위: 원)

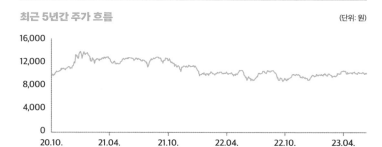

자료: 한국거래소

ETF 구성종목 (2023년 06월 30일 기준)

구성종목	투자비중(%)	구성종목	투자비중(%)
현대차	15.62	시노펙스	0.66
현대모비스	15.44	동성화인텍	0.62
두산에너빌리티	14.9	SK디앤디	0.56
한화솔루션	12.89	진성티이씨	0.45
현대제철	8.25	세종공업	0.38
한온시스템	4.27	일진다이아	0.38
효성첨단소재	3.34	제이엔케이히터	0.38
두산퓨얼셀	3.33	우리산업	0.36
한국가스공사	2.97	범한퓨얼셀	0.35
현대위아	2.96	이엠코리아	0.30
코오롱인더	2.55	동아화성	0.25
효성중공업	1.28	에스퓨얼셀	0.23
지오릿에너지	1.04	인지컨트롤스	0.21
일진하이솔루스	1.00	디케이락	0.19
삼화콘덴서	0.94	대우부품	0.15
미코	0.78	에스에너지	0.12
비나텍	0.77	신도기연	0.11
상아프론테크	0.71		

자료: 한국거래소, KB자산운용

HANARO Fn전기&수소차

A381560

시가총액	271억 원	운용사	NH-Amundi자산운용
주가(23.06.30)	9,525원	ETF 분류	수익증권형
기준가(23.06.30)	9,365원	시장분류	국내/거래소+코스닥
발생주식 수	3,100,000주	자산분류	주식/섹터
거래량(20일 평균)	15,888주	테마분류	국내주식
거래대금(20일 평균)	147백만 원	벤치마크	FnGuide전기&수소차 지수

수소 사업을 영위하는 다수의 기업들이 포함되어 있지만, 특히 수소차(수소 모빌리티) 관련 산업에 보다 집중되어 있다. 수소차뿐만 아니라 전기차 관련 사업을 영위하는 기업들까지 함께 ETF로 구성되어 있어 무공해차 특화 ETF라고 평가할 수 있다. 신재생에너지를 연계한 수소 생산, 화학 산업 공정 내에서 발생하는 부생수소 등 수소 생산과 관련된 기업들도 구성종목에 포함되어 있다. 수소연료전지차, 수소 모빌리티에 특화하여 투자하기 가장 적합한 ETF다.

2부

글로벌 머니의 흐름에 올라타라, 수소경제 실전 투자 가이드

230

최근 5년간 주가 흐름

(단위: 원)

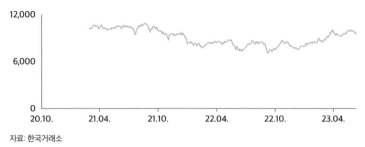

자료: 한국거래소

ETF 구성종목 (2023년 06월 30일 기준)

구성종목	투자비중(%)	구성종목	투자비중(%)
현대차	10.86	일진하이솔루스	1.33
현대모비스	8.65	비나텍	1.01
롯데케미칼	7.38	코윈테크	1.01
한화솔루션	7.31	상아프론테크	0.94
기아	6.72	대보마그네틱	0.84
SK이노베이션	6.5	텔레칩스	0.72
LG이노텍	6.18	유니퀘스트	0.68
에코프로비엠	5.76	켐트로스	0.64
포스코퓨처엠	5.64	범한퓨얼셀	0.45
한온시스템	5.63	유일에너테크	0.35
LG에너지솔루션	5.58	나인테크	0.33
LS ELECTRIC	4.75	동아화성	0.33
두산퓨얼셀	4.41	에스퓨얼셀	0.30
코오롱인더	3.33	인지컨트롤스	0.30
에코앤드림	1.49	세아메카닉스	0.28

자료: 한국거래소, NH-Amundi 자산운용

KBSTAR 글로벌수소경제INDXX

A417450

(23.06.30 기준)

시가총액	88억 원	운용사	KB자산운용
주가(23.06.30)	8,405원	ETF 분류	수익증권형
기준가(23.06.30)	8,390원	시장분류	해외/글로벌
발생주식 수	950,000주	자산분류	주식/섹터
거래량(20일 평균)	3,606주	테마분류	해외주식
거래대금(20일 평균)	31백만 원	벤치마크	MSCI AC WORLD INDEX

우리나라를 비롯한 글로벌 수소 관련 주요 기업으로 구성된 ETF다. 수소 ETF임에도 글로벌 에너지 기업에 높은 비중으로 투자한 것을 확인할 수 있는데, 화석연료 기반의 에너지 사업을 영위하고 있는 글로벌 기업들이 수소를 중심으로 하는 사업 구조 전환을 추진하고 있음을 간접적으로 확인할 수 있다. 수소 모빌리티보다는 글로벌 수소 인프라 저변 확대에 관심을 갖고 투자하고자 하는 투자자들에게 가장 적합하다.

최근 5년간 주가 흐름

(단위: 원)

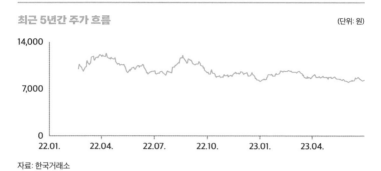

자료: 한국거래소

ETF 구성종목 (2023년 06월 30일 기준)

구성종목	투자비중(%)	구성종목	투자비중(%)
Direxion Hydrogen ETF	22.2	Ceres Power Holdings PLC	2.79
Plug Power Inc	7.13	Nippon Sanso Holdings Corp	3.11
Air Liquide SA	6.65	ITM Power PLC	2.42
NEL ASA	6.03	PowerCell Sweden AB	2.25
Bloom Energy Corp	5.84	McPhy Energy SA	1.23
Shell PLC	5.66	AFC Energy PLC	0.80
FuelCell Energy Inc	3.85	에스퓨얼셀	0.71
Linde PLC	3.82	효성중공업	0.53
Air Products and Chemicals Inc	3.71	Hyster-Yale Materials Handling Inc	0.42
ENEOS Holdings Inc	3.61	CIMC Enric Holdings Ltd	0.38
Idemitsu Kosan Co Ltd	3.55	한국가스공사	0.37
Ballard Power Systems Inc	3.49	SFC Energy AG	0.37
BP PLC	3.29	Hexagon Purus ASA	0.35
두산퓨얼셀	3.2	Varta AG	0.31

자료: 한국거래소, KB자산운용

ARIRANG글로벌수소&
차세대연료전지MV

A419650

(23.06.30 기준)

시가총액	54억 원	운용사	한화자산운용
주가(23.06.30)	6,360원	ETF 분류	수익증권형
기준가(23.06.30)	6,295원	시장분류	해외/글로벌
발생주식 수	700,000주	자산분류	주식/섹터
거래량(20일 평균)	7,993주	테마분류	해외주식
거래대금(20일 평균)	54백만 원	벤치마크	MSCI AC World Index

수소연료전지와 수전해 설비 기술을 보유한 글로벌 기업에 투자하는 ETF다. 차세대 연료전지 및 수전해 설비, 그리고 수소 운송 기술 등을 보유한 성장 기업 투자 비중이 높다는 것이 특징이다. 현재는 수익성이 다소 떨어지더라도, 향후 실적 성장 가능성이 높은 기업들의 구성 비중이 높다. 미래 기술력에 더 방점을 찍어 투자하고자 하는 투자자들에게 가장 적합하다.

최근 5년간 주가 흐름

(단위: 원)

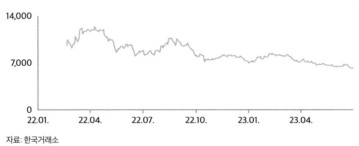

자료: 한국거래소

ETF 구성종목 (2023년 06월 30일 기준)

구성종목	투자비중(%)	구성종목	투자비중(%)
Defiance Next Gen H2 ETF	25.44	FuelCell Energy Inc	3.08
Plug Power Inc	7.60	풍국주정	2.90
Bloom Energy Corp	7.11	일진하이솔루스	2.62
Ballard Power Systems Inc	6.47	SFC Energy AG	2.24
NEL ASA	6.07	에스퓨얼셀	1.23
두산퓨얼셀	5.88	McPhy Energy SA	0.98
Ceres Power Holdings PLC	3.74	Green Hydrogen Systems A/S	0.95
ITM Power PLC	3.36	Hexagon Purus ASA	0.91
Air Liquide SA	3.24	AFC Energy PLC	0.80
PowerCell Sweden AB	3.22	Mitsubishi Chemical Group Corp	0.69
범한퓨얼셀	3.19	Nippon Sanso Holdings Corp	0.65
Linde PLC	3.18	SOL SpA	0.65
Air Products and Chemicals Inc	3.17	Hydrogen Refueling Solutions	0.52
두산퓨얼셀	3.2		

자료: 한국거래소, KB자산운용

수소 및 에너지 패러다임 변화를 주도할
미래의 다크호스, 비상장 기업

기업명	주요 사업 내용	홈페이지
테라릭스 TerraLIX	공랭식/수랭식 연료전지 모듈 및 연료전지 파워팩, 양산 가능한 공랭식 PEMFC 기술 보유	terralix.com
그리드위즈 Gridwiz	에너지 효율화 및 비용 절감, 에너지 전환 및 탄소 배출 저감, EV 스마트 충전 등 에너지 플랫폼	gridwiz.com/kr
인코어드 테크놀로지스 ENCORED	인공지능 기반 분산자원 통합관리 서비스, ESS 충방전 및 마이크로그리드 운영 최적화, 소규모 전력 중개사업	encoredtech.com
하이리움산업 Hylium Industries	액화수소 기반 무인항공기 연료전지 파워팩 및 이동형 수소스테이션 개발, 액화수소 저장용기 및 충전소	hylium-industries.com
효진오토테크 Hyojin Autotech	수소 충전소 구축 및 수전해 설비 구축 사업, 알칼라인+PEM 수전해 기술 보유, 탄소자원화 및 플라즈마 탄소 전환 기술 보유	hyojin.co.kr
제로시스 Zerosys	청록수소 생산, 온사이트 수소 충전소 구축, 바이오메탄 열분해, P2G 수소 생산, 열분해 부산물 탄소 재활용	zerocis.com
에이이에스텍 AES Tech	액화암모니아 전기분해 수소생산 시스템	aestech.co.kr
엘켐텍 Elchemtech	PEM 수전해 시스템, 소금물 전기분해 살균제 발생기	elchemtech.com
지티 GT	이산화탄소 활용하여 전기 및 수소 생산	gtchem.co.kr
하이드로켐 Hydrochem	수소 센서 및 수소안전시스템, 암모니아 개질 수소생산 및 수소저장 합금, AC 고체 암모니아 기술 보유	hydrochem-e.com

스페시스 Specis	수소 생산 및 충전소 지능형 시스템 구축, 실시간 데이터 분석 및 최적화 설계, 리스크 기반 예측진단 시스템 개발	spesys.co.kr
에프씨엠티 FCMT	연료전지 및 수전해용 MEA 요소기술 및 대량생산기술 보유	fcmt.co.kr
엔라이튼 Enlighten	신재생에너지 IT 플랫폼	enlighten.kr
씨너지 CnerG	신재생에너지 글로벌 거래 플랫폼	cnerg.net
플렉스파워 Flex Power	고전압 전원장치, 전동킥보드 무선충전, 대용량 무선충전 등 무선 전력 사용 플랫폼	teslas.co.kr
크로커스에너지 CROCUS	에너지 마이크로밸런싱, AI 기반 산업체 전력계통 실시간 최적화 솔루션	crocusenergy.com

처음부터 다시 글을 천천히 읽어보면서 문득 군대에 갓 입대했던 시절이 떠올랐다. 정식으로 신병훈련소에 입소하기 전, 준비 과정의 일환으로 입대 전 무슨 일을 했는지, 군 생활은 어떻게 할 것인지 각오를 적는 시간이 있었다. 나의 생각을 정말 솔직하게 적었는데, 이후 조용히 소대장실로 끌려가 한참 훈계를 들었다. 하고 싶은 것도 많고, 해야 할 것도 많은데, 2년이라는 시간을 군대에 묶여 있는 것이 너무 아깝다고 적었기 때문이다. 내가 얼마나 군 생활을 열심히 할 것인지 해명했던 기억이 난다.

어리석게도 그런 조급한 마음을 표출했던 이유는 대학교 입학과 함께 처음 주식을 공부하면서 너무 큰 재미를 느꼈기 때문이다. 철없는 생각이지만 그때는 그저 주식이라는 것이 단지 빠르게 돈을 벌 수 있는 수단이라고만 생각했고, 한시라도 시장을 벗어나 있으면 금방 도태될 것 같은 불안감이 있었다. 이후 강산이 몇 번이나 변했을 법한 시간이 지난 지금, 마음속에 남은 확실한 투자 교훈 중 하나는 절대 조급해할 필요가 없다는 것이다. 시간과 싸워 이기려 할 것이 아니라, 순응하며 시간을 내 편으로 만들 줄 알아야 한다.

시간을 내 편으로 만든다는 것, 반드시 명석한 두뇌나 뛰어난 혜안을 갖고 있어야만 가능한 일은 아니다. 그저 큰 물줄기가 어떻게 흘러가고 있는지를 이해하면 된다. 세세한 물줄기 하나하나를 다 기억할 것이 아니라, 이 강줄기가 어느 바다로 흘러가고 있는지만 이해하더라도, 어느덧 시간과 같은 편에 서 있는 나의 모습을 발견할 수 있을 것이다.

이런 물줄기의 관점에서 바라본다면, 수소는 우리가 반드시 마주해야만 하는 기착지가 아닐까 싶다. 수소가 이 모든 에너지 패러다임 변화의 종점이라고 생각하지는 않는다. 하지만 목적지까지 나아가는 과정에서 반드시 거쳐야 하는 하나의 기착지가 될 것임은 분명하다. 우리가 체감하고 목도한 바 기후위기는 점점 심각해지고 있으며, 국가별 에너지 자립의 필요성은 점점 확대되고 있고, 이 상황에서 수소만큼 효율적인 에너지 저장 매개체를 찾기는 어렵기 때문이다. 이 글을 읽는 모든 투자자들이 당장 내 눈앞에 돌아다니는 수소차가 부족하다고 수소 산업 자체를 외면하는 일은 없었으면 좋겠다. 큰 물줄기에 올라탄다면, 편안한 마음으로 멀리까지 갈 수 있다는 점을 기억하자.

수소 머니전략

향후 10년 반드시 찾아올 부의 기회를 잡고 승자가 되는 법

초판 1쇄 발행 2023년 11월 06일

지은이 나승두
펴낸이 성의현
펴낸곳 (주)미래의창

책임편집 최소혜

출판 신고 2019년 10월 28일 제2019-000291호
주소 서울시 마포구 잔다리로 62-1 미래의창빌딩(서교동 376-15, 5층)
전화 070-8693-1719 **팩스** 0507-0301-1585
홈페이지 www.miraebook.co.kr
ISBN 979-11-92519-94-4 03320

※ 책값은 뒤표지에 있습니다.

생각이 글이 되고, 글이 책이 되는 놀라운 경험. 미래의창과 함께라면 가능합니다.
책을 통해 여러분의 생각과 아이디어를 더 많은 사람들과 공유하시기 바랍니다.
투고메일 togo@miraebook.co.kr (홈페이지와 블로그에서 양식을 다운로드하세요)
제휴 및 기타 문의 ask@miraebook.co.kr